家常

熘炒菜

张恩来 ◎ 主编

吉林科学技术出版社

作者简介
Author

张恩来 　20世纪80年代正式进入餐饮行业，在多家星级酒店如喜来登大酒店、水晶宫饭店、中华御膳集团工作，并陆续在多家报刊杂志上发表了数十篇关于中国烹饪研究的论文。1996年在北京成立张恩来美食工作室，对中国的传统烹饪文化进行深入挖掘、整理和研究，并开始出版关于中国烹饪方面的书籍。2006年回到天津，成立厨艺斋工作室，继续从事中国烹饪文化的研究及培训教研工作，至今已参与和主编烹饪类图书100余种。

邮箱: chefzhang@gmail.com
　　　 chefchang@sina.com

主　　编: 张恩来
副 主 编: 张明亮
编　　委: 崔晓冬　蒋志进　郎树义　刘凤义　刘志刚

前言
Foreword

　　每个人都希望拥有健康的身体，以预防和抵御病痛的侵袭，达到健康长寿的目的。而影响人们身体健康的因素有很多，其中最为重要的就是与我们日常生活密不可分的饮食。

　　家常菜谱，顾名思义就是要家常化、实用化、普及化，以满足不同地域美食爱好者日常饮食的需要。俗语说："山珍海味千般好，不及家常日日鲜。"家常菜是随家而生，随食而存，随吃而在，它所透射出的是家庭厨房的浓郁芬芳，所反映的是家庭生活的情深意长！

　　随着生活水平的提高，人们的饮食结构发生了很大的变化，对一日三餐的饮食要求也在不断攀升，从以前的简单吃饱到现在的需要吃好，从以前的简单粗做到现在的精制细做，从以前的多多益善到现在的注重营养和健康……

　　为了满足大众对饮食方面不断增长的需求，我们特意为您编写了这套《详步图解版——家常菜》系列丛书。本套丛书按照家庭常用烹饪技法，分为《家常腌拌菜》《家常熏卤菜》《家常熘炒菜》《家常煎炸菜》《家常蒸煮菜》《家常焖炖菜》《家常烧烩菜》《家常汤煲》《家常主食》共九本。书中不仅对家庭常用的烹饪技法加以重点讲解，并精选了近300款菜例供您选择习作。书中所选菜例原料取材容易、操作简便易行、营养搭配合理，每道菜肴不仅配有精美的成品图片，更针对一些重点菜例加以多幅步骤分解图示予以说明，让您能够一目了然、快速掌握，烹调出色香味形俱佳且营养健康的家常美食。

　　愿此系列图书能成为您饮食方面的好帮手和好参谋，让您在掌握各种家庭美食制作方法的同时，还能够享受到烹饪带来的乐趣。

张恩来
2010年6月

蔬菜
食用菌

Shucaishiyongjun ▶▶

畜 肉

Churou ▶▶

禽蛋豆制品
Qindandouzhipin ▶▶

水 产

Shuichan ▶▶

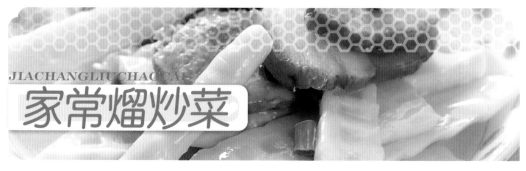

家常熘炒菜

炒的种类

炒是将小型原料放入加有少量油的热锅里,用旺火迅速翻拌、调味、勾芡,使原料快速成熟的一种烹调方法。而有些特殊的炒法,如抓炒、软炒等并不是严格按照这样的原则来操作的。炒的分类方法很多,不同的类型有不同的标准。其主要技术特点是要求旺火速成,紧油包芡,光润饱满,清鲜软嫩。

炒的分类有很多种,如按原料性质可分为生炒和熟炒;从技法上可分为煸炒、滑炒、软炒;从地方菜系可分为清炒、抓炒、爆炒、水炒等,此外从色泽上炒还可分为红炒与白炒。而从应用角度来讲,生炒、熟炒、滑炒、清炒等为比较常见的熘炒技法。

软炒 Ruanchao

软炒又称推炒、泡炒、湿炒等,是将原料加工成比较小的形状,放入液体原料(如牛奶、鸡蛋清等)内调匀后,再用中火热油匀速翻炒,使其凝结成菜的烹调方法。还有一种是将主要原料加工成泥蓉后,用汤或水调制成液态状,再放入加有少量油的锅中炒制成熟的烹调方法。软炒是所有炒法中最难掌握的一种技法,其成菜具有质嫩软滑,味道鲜美,清淡爽口的特色。

生炒 Shengchao

生炒技法为家庭中比较常用的方法,其选料限于畜禽鱼肉的细嫩部位和鲜嫩蔬菜的茎、根、叶,还要加工成片、丁、条、丝和小块等细小形状。生炒要求把加工好的生料直接下锅,既不用事先腌渍,也无需上浆挂糊,在锅内调味,用旺火沸油快速煸炒至肉类原料变色、蔬菜原料断生即出锅,成品要求汁少入味,鲜香脆嫩。

熟炒 Shuchao

熟炒是先将经过初步加工的原料,经过水煮、烧、蒸、炸成半熟或全熟后,再改刀切成片、丝、丁、条等形状,不腌味、不上浆,再放入烧热的油锅内,加上配料和调味料炒至成熟的一种炒法。熟炒的材料通常是不挂糊,锅离火后立刻勾芡,亦可不勾芡。其特色为味美但有少许卤汁。如回锅肉就是一种比较常见的熟炒菜式。

煸炒 Bianchao

煸炒又称干炒,就是将切配好的原料用中火加热煸炒,使原料脱水成熟,再加入调味料等继续煸炒,使调味料充分渗入原料至见油不见汁,达到干香、酥软、化渣的一种烹调方法。煸炒与生炒以及熟炒有很多相似之处,而煸炒的关键之处可理解为"煸干",即通过油将原料直接加热,使其水分因受热外渗而挥发,体现"煸干"之功效,达到浓缩风味之效果，再加入调味料及配料制作而成。主料因煸干而带来风味和质地的变化，就形成了煸炒的特色。

清炒 Qingchao

清炒是比较常见的一种烹调方法，是将经过初步加工的小型原料，经过腌味、油滑后，放入油锅内用旺火急速翻炒至熟的一种炒法。清炒与滑炒等与其他炒法有很多相似之处，不同之处是清炒通常只有主料且量大，不加或少加配料，并且不用勾芡。

滑炒 Huachao

滑炒是所有炒法中最为常见的一类，是将加工成形的小型原料先上浆，再用旺火热油滑熟，或入沸水锅内氽至断生，再放入加有少量油的锅内，在旺火上急速翻炒，最后勾芡或烹汁的炒法。滑炒的特点是先给原料上一层糊状的薄浆再入锅中加热，将一次加热变为二次加热，即滑和炒。使成菜具有爽滑柔软，形态饱满，富有光泽，鲜嫩香咸的风味特色。

抓炒 Zhuachao

抓炒是北方菜中比较常见的技法，是将原料挂糊，过油炸熟后，再加入调料迅速翻炒成菜的技法。成菜特点为色泽金黄，外焦里嫩，味多酸甜。历史上的"四抓"（抓炒腰花、抓炒里脊、抓炒鱼片、抓炒大虾）成为宫廷菜的典范。从理论上定义抓炒，实质为"脆熘"。需要指出的是，在所有的抓炒菜中，"抓炒豆腐"因其原料含水量大，是唯一采用拍粉手法的菜品。

熘的种类 LIUDEZHONGLEI

熘是将调制好的熘汁浇淋在加工成熟的原料上，或把原料投入熘汁中，快速翻拌均匀成菜的烹调方法。制作熘菜的主料常用过油、蒸煮、滑水等方法做熟处理，烹调时多用旺火加热，以保持食物的焦脆和鲜嫩，一般熘菜汁比较宽，而炒菜不带或带有少量的汤汁，这也是熘与炒的主要区别。熘的种类与炒菜相同，也分为多种不同的熘法，其中比较常见的有焦熘、滑熘、糟熘、醋熘、软熘、糖熘等。

焦熘 Jiaoliu

焦熘又称脆熘、炸熘等，是将主料先挂糊或上浆，再放入油锅内炸至主料外部酥脆、内部软嫩后，将炒好的熘汁浇淋在主料上，或将熘汁烹入锅内，与主料一起迅速翻炒均匀而成的烹调方法。用此方法可做焦熘肉片、焦熘鱼条、焦熘鸡片、焦熘鹌鹑、焦熘切蟹、焦熘鸭条、焦熘松花、咖喱排骨等菜肴。

滑熘 Hualiu

滑熘是先将原料加工成形，经过水滑或油滑至熟后，再放入炒好的汁芡锅内炒拌均匀的一种熘制方法。它与炒有两点区别，汁宽和用碗盛装上桌。用此方法可做滑熘菠菜、滑熘苋菜、熘青椒土豆丝、滑熘甘蓝片、滑熘洋葱牛肉、熘三样、熘猪肠、熘鸡片、熘肉片等菜肴。

糖熘 Tangliu

糖熘是将加工好的各种原料，放入有白糖汁（或冰糖汁、蜂蜜汁等）的锅内熘制而成的烹调技法，原料主要以水果为主，有时也用干果和蔬菜等，成菜具有甜润清香、软嫩适口的特点。用糖熘制作而成的菜肴比较多，如糖熘三鲜、糖熘橘子、糖熘草莓、糖熘什锦、糖熘河鲜、冰镇三鲜、冰糖菠萝、糖熘地瓜等菜肴。

糟熘 Zaoliu

是将加工后的小形原料用鸡蛋清、淀粉等浆好，放入温油锅中滑散，再放入炒好的熘汁内（必加香糟），颠锅使熘汁均匀地挂在原料表面上的一种熘法。糟熘与滑熘相近，区别主要是在熘汁内放入适量的香糟和白糖。用此方法可做糟熘鸭肝、糟熘三白、糟熘鱼片、糟熘银鱼、糟熘大肠、糟熘鸭掌、糟熘鱼唇等菜肴。

软熘 Ruanliu

是将经过蒸熟或煮（汆）熟的原料放入锅内，加入调味料和辅料等，熘至原料入味后出锅的一种烹调方法。用此方法可做软熘豆腐、软熘肝片、软熘虾仁、软熘里脊、软熘蘑菇、软熘牛蹄筋等菜肴。

软熘的原料不经过油炸，而是采用蒸、煮、汆等方法成熟，但蒸、煮、汆不能过度，以刚熟为佳；此外软熘的汤汁中油分要少，味求清淡，如果用油过多，会影响菜肴的口味。

一步一步学熘炒

选料 Xuanliao

熘炒原料的选择非常广泛，而原料选择也是做好熘炒菜肴的先决条件。熘炒选料可分为主料选择和配料选择。主料宜选新鲜、细嫩、无骨、无筋络、去皮、去壳的动物性原料，如鸡肉、鱼肉、虾肉、里脊肉等。对于植物性原料，应选择新鲜、脆嫩、无虫蛀的一些蔬菜和菌类，如白菜、菠菜、四季豆、豇豆、茄子、茭白、香菇、冬笋、木耳等。这些原料具有新鲜、含水分少和无特殊异味的特点。对于配料的选择，应对整道熘炒菜肴的色泽和口味有良好的辅助作用。因此选料时应选一些新鲜、脆嫩、色泽鲜艳的原料，如玉兰片、青椒、黄瓜、莴笋等。另外，对其他的一些原料或调味品，如油脂、淀粉等的选择要求也较严格，要求在制作时不影响成菜的色泽与质量。

刀工 Daogong

刀工处理技术的优劣也直接关系到熘炒菜肴的成败。一般而言，熘炒原料是以丝、条、块、粒为主，很少直接采用原料本身所具有的自然形状。熘炒菜肴的刀工处理要求以小、薄、细为主。丝要求切成0.4～0.5厘米的二粗丝，长度为7～10厘米；片一般切成3.5厘米长、2.5厘米宽、0.3厘米厚；丁则要根据原料的质地来确定，如含水量高的鱼肉、虾肉和鸡胸肉可稍大一些，而质地相对较老的畜肉则要求切得稍小一些，一般与黄豆大小最为相宜。刀工处理熘炒原料时需要注意，切好的原料规格应大致相同，以便受热均匀，成熟时间一致，切勿出现长短大小不一，乃至原料出现连刀的现象。

上浆 Shangjiang

首先,并不是所有的熘炒菜肴都需要上浆和滑制,如煸炒、软炒等,但上浆和滑制是制作大部分熘炒菜肴中比较重要的环节。上浆和滑制是保证熘炒菜肴达到滑嫩的关键所在。

熘炒菜肴的上浆可分为三个步骤,首先将切好的原料放入碗里,加入姜葱水、精盐、料酒等稍腌片刻,再沥干水分,然后加入鸡蛋或鸡蛋清调和均匀,最后加入淀粉或水淀粉抓捏均匀,使浆上劲,并使菜肴原料全部包裹起来即成。上浆时需要注意,由于熘炒菜肴的原料一般比较细嫩,因此上浆时手法要轻,用力要小,但必须抓匀抓透。既要防止断丝、破碎,又要使原料上劲。否则在滑油时就会出水、脱浆,严重影响成菜质感。

滑制 Huazhi

原料滑制也是熘炒菜肴中的关键。根据介质的不同,滑制可以分为水滑和油滑两大类。水滑是将切成片、丝等形状的原料经过码味上浆处理后,投入微沸的水中焯烫一下,取出即可。用水滑制作出来的菜肴口感特别细嫩,清爽不油腻,但操作难度较油滑技法要大。水滑时需要注意,水要加得宽一些,便于原料散开;水只能保持微沸,这样可避免因水剧烈沸腾,造成原料脱芡;原料抖散下入锅中后,若有个别原料相互粘连,可用筷子轻轻拨开,但切不可乱搅动,以免原料脱芡;水滑的原料最好八分熟即捞起,不可过熟(因原料还要入锅炒制)。

成菜 Chengcai

炒制成菜为熘炒菜肴中最后的一个步骤,也是最为重要的一环。操作时要先将锅烧热,放入少许食用油,一般用旺火热油,但火力的大小和油温的高低要根据原料而定。根据原料的特点而依次放入锅内,用手勺和锅铲快速翻拌均匀并加入调味料,待原料断生,不勾芡或勾芡后出锅即可。

炒制成菜的关键有很多,首先是先将炒锅烧热,避免炒制时粘锅焦糊;炒制时火力要适中,以中旺火为主,操作时还要根据情况及时调整。原料下锅炒制时翻炒动作要快速敏捷,不能迟延,原料以断生为好,保持原料特有的质感。对于需要勾芡后上桌的熘炒菜肴,需要在菜肴接近成熟时快速淋入芡汁,颠翻均匀即成。熘炒菜肴出锅前最好淋上少许明油,不仅可以增加菜肴的光泽,还能增加菜肴的滋味和香味,达到亮泽美观的目的。

熘炒中的调味品 LIUCHAOZHONGDETIAOWEIPIN

制作熘炒菜肴除了要选好原料,掌握好火候、油温外,还有一点非常重要,那就是要学会灵活地运用各种调味料。

香糟 Xiangcao

香糟是用制黄酒剩下的酒糟,经加工而成,其香味浓厚,含有10%左右的酒精,有与黄酒同样的调味作用。香糟可分白糟和红糟两种,白糟为绍兴黄酒的酒糟加工而成;红糟是在酿造过程中加入5%的天然红曲米而色泽红润,为我国福建的特产。用香糟为调料烹制而成的菜品具有比较独特的风味,且能增加菜品的色泽。

醋 Cu

在制作熘炒菜肴时加入适量醋,对人体有许多益处,如可以防止和消除疲劳;能降低血压和血清蛋固醇,防止动脉硬化;具有杀灭和抑制多种细菌和病毒的作用,尤其是预防肠道传染病和感冒的发生;有助于食物中钙、磷、铁等物质的吸收等,并且可以防止原料中多种维生素的流失。

酱油 Jiangyou

酱油是用面粉或豆类，经蒸制发酵，再加入盐和水后制成酱的上层液体状物质。

酱油滋味鲜美、醇厚柔和、咸淡适口，能增加和改善菜肴的口味，还能增添和改变菜肴的色泽，为烹调中应用非常广泛的调味品，其主要品种有生抽、老抽、白酱油等。生抽即所谓的浅色酱油，其颜色较浅、酱味较淡、咸味较重，较鲜，多用于调味；老抽即所谓的深色酱油，其颜色较深，酱味浓郁，鲜味较低，故有时可加入草菇等以提高其鲜味；白酱油是以黄豆、小麦、盐经发酵而成；由于不加任何糖色，成品为白褐色，味鲜、清香、咸味重，极适合色泽洁白的菜式。

糖 Tang

糖为烹调中常用的调味品之一，有润肺生津、补中益气、解酒毒之功效。恰当地使用糖能确保菜肴应有的质量。作为重要的调味料，在烹调中添加糖，可提高菜肴的甜味，也可抑制酸味，缓和辣味增香。糖按形态和加工程度的不同，又可分为白砂糖、绵白糖、方糖等。其中白砂糖是由甘蔗之茎汁提炼而成，其色泽洁白，杂质少；绵白糖一般由甜菜根等炼制而成，其质地细软，甜度略低于白砂糖，在烹调中最为常用；方糖是白砂糖的再制品，主要用于饮料类的调味。

料酒 Liaojiu

料酒又称黄酒、老酒等，为我国的特产，一般呈琥珀色，黄中带红，香气浓郁，醇厚可口，全国各地都有生产，其中以浙江绍兴所产黄酒最为著名。料酒的调味作用主要是去腥、增鲜，在制作鱼类、贝类、肉类菜肴时，加入适量的料酒，不但可以使一部分含油脂多的原料被溶解，还可以使菜肴的气味芳香、鲜美去腻。

番茄酱 Fanqiejiang

番茄酱是由新鲜、成熟的番茄去皮、去子后加工而成的一种酸味调味品。番茄酱主要有两种，一种为我们常见的番茄酱，其色泽鲜红，口味酸香；另一种为番茄沙司，其主要由番茄酱、砂糖、饴糖、洋葱、生姜粉、五香粉、大蒜粉、桂皮、食盐、色素等原料配制而成。番茄沙司呈红褐色，质地细腻，口味酸甜而微有香辣味。在菜肴中加入适量番茄酱不仅可以生津止渴、健胃消食、凉血平肝，而且还可以丰富菜品的色泽和口味。

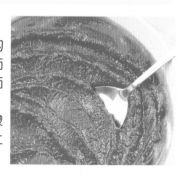

蚝油 Haoyou

蚝油是一种天然风味的高级调味品，是由鲜活的牡蛎或毛蚶和八角、姜、桂皮、黄酒、白醋、味精等加工而成，色泽红褐色或棕褐色。蚝油具有天然的牡蛎风味，味道鲜美，气味芬芳，营养丰富，适用于烹调各种肉类、蔬菜菜肴的调味佳品。

鱼露 Yulu

鱼露是我国传统的调味品，它以味道鲜美，营养丰富，风味独特而著称，在我国沿海地区及东南亚一带广为应用。鱼露是以海杂鱼为原料，经过用盐腌制和保温发酵之后而制成。鱼露色泽橙红色或橙黄色，具有鱼露独特的香味，在烹调菜肴时可以广泛使用。

胡椒粉 Hujiaofen

胡椒粉是由胡椒科植物胡椒的果实碾压而成，有白胡椒粉和黑胡椒粉两种。把未成熟的胡椒果实采收、干燥后，碾成粉即为黑胡椒粉；果实完全成熟后，经加工去掉外皮后碾成末，为白胡椒粉。胡椒粉是菜肴里最常用的香辛调味料，可以去除肉类的油腻和鱼肉的腥味，调节口感，令胃口大开，增进食欲。

盐 Yan

盐是人体必需的调味品之一，是维持机体渗透压及体内酸碱平衡的主要成分，为人体生理功能不可缺少的物质。在熘炒中添加适量的盐，可以维持人体的水和电解质平衡、酸碱平衡，形成胃酸，促进消化。但食盐不能过量，过量则有害无益，尤其对老年人，高血压、心脏病、肝脏病患者，更应减少每日食盐的摄入量。

熘炒锅具有不同

铁锅 Teiguo

铁锅虽然看上去笨重些，但它坚实、耐用、受热均匀，且与人们的身体健康密切相关。用铁锅炒菜能使菜中的含铁量增加，补充人体铁元素，对贫血等缺铁性疾病也有一定功效。

从材料上说，铁锅可以分为生铁锅和熟铁锅两类。生铁锅又称铸铁锅，是选用灰口铁熔化后用模型浇铸制成，其传热慢但均匀，锅环厚，纹路粗糙，也容易裂；熟铁锅又称精铁锅，是用黑铁皮锻压或手工锤打制成，具有锅环薄，传热快，外观精美的特点。对于一般家庭而言，使用生铁锅炒菜比较好，但熟铁锅也有优点。第一由于是精铁铸成，杂质少，因此传热比较均匀，不容易出现粘锅现象。第二由于用料好，锅可以做得很薄，锅内温度可以达到更高。第三档次高，表面光滑，容易清洗。

铝锅 Lvguo

铝锅的特性是热分布优良，传热效果是不锈钢锅的很多倍，且锅体较轻。但铝锅不易清洗，而且金属铝在进入人体后能破坏人体中负责细胞能量转换的三磷酸腺苷，从而防碍人体细胞的能量转换过程。

研究还发现，使用铝锅制作含酸或含碱的菜肴时，更容易使铝溶解于食物中，如果长期使用，会引起铝中毒，对大脑产生影响，容易造成老年人痴呆，还会影响儿童的智力发育，所以家庭尽可能少用铝锅，建议使用铁锅或不锈钢锅为好。

不锈钢锅 Buxiugangguo

不锈钢炒锅是由铁铬合金再掺入其他一些微量元素而制成的，它的金属性很好，而且比其他金属更耐锈蚀，具有外表美观、卫生耐用、可塑性强等许多优点，因此被广泛应用于高档锅具。虽然不锈钢内的金属性能稳定，但其金属元素也有游离，长期使用也会在人体中慢慢蓄积，达到一定量时就会危害人体健康，因此家庭在使用不锈钢炒锅时最好与铁锅间隔使用，不要长期使用一种材质的炒锅。

不粘锅 Buzhanguo

不粘锅又名特富龙汤锅，其使用简便，易于清洗，但生产特富龙等品牌不粘和防锈产品的关键化工原料——全氟辛酸铵（PFOA），在高温下会裂解，并释放出两种有毒的物质，一种是氟氯碳，另一种是三氟化碳。前者对机体组织有害，而且会在体内聚集；后者有毒性，也会损伤人的身体，因此为安全起见，还是少用不粘锅为宜。

先放糖后加盐

炒菜时要记住先放糖后加盐，否则食盐的"脱水"作用会妨碍糖渗透到菜里，从而影响菜的口味，使成菜变得外甜里淡。另外，一般熘炒菜肴中加糖不宜过量，可以避免过多地摄入糖类，对健康不利。尤其是老年人和患有某些疾病，需要控制能量摄入的人，在这方面应尤其注意。

熘炒蔬菜保绿色

蔬菜在烹制时往往变成黄色，怎样让它保持鲜绿色呢？在熘炒蔬菜时注意要用旺火热油快炒，并且不要盖锅盖。这是因为蔬菜的叶绿素中含有镁，是一种不稳定的植物色素，若加温时间过长，叶绿素变成脱镁叶绿素时，呈黄褐色，吃起来既不脆嫩可口，维生素也会损失很多。

熘炒用油不宜多

熘炒菜肴用油多，不仅会影响成菜的滋味，而且有损健康。前者因为熘炒菜中油过多，其他调味品不易渗入原料内部，影响成菜的滋味；后者因为食物外部包了一层油脂，食后在胃肠里消化液不能充分同食物接触，影响消化吸收，容易引起腹泻。常吃油多的熘炒菜，还会促使胆汁和胰液大量分泌，容易诱发胆囊炎、胰腺炎。所以，炒菜用油不宜多。

投料顺序有讲究

入锅炒制的材料，不论是切丝、切丁或切块，都要切得大小一样，才能使材料在短时间内均匀炒热；炒制时需要把不易熟的材料先入锅中，炒至略热后，再把容易炒熟的材料下锅一起均匀炒熟后，起锅即可，可以保证材料成熟一致。

熘炒畜肉保软嫩

熘炒畜肉类菜肴，尤其是丝、片类熘炒，如果需要成菜保持滑嫩爽口的特色，必须注意烹调方法。较为合理的烹制方法是先把原料经过油滑后再炒。因为畜肉原料含有很多蛋白质，上浆滑油后可以使畜肉中的蛋白质凝固，外形略为收缩，避免了直接熘炒时畜肉会煸碎炒老的毛病，且能去除异味，成菜也比较鲜嫩好吃。

如何炒菜油不溅

制作熘炒菜时，锅内的油常常容易溅出来，只要在热油中撒入少许食盐即可防止油溅出锅外。另外还要注意的是热锅凉油。就是说在锅烧得很热的时候，把油倒进去，然后不等油热就把菜放进去，这样也不会被溅到。

熘炒不宜盖锅盖

市场上卖的炒锅几乎都没有锅盖，这是因为熘炒菜肴不宜盖锅盖。熘炒菜肴若盖锅盖，有很多不妥之处，如难以掌握菜肴的火候；不利于异味的排除；不利于有害物质的排除等，并且影响菜肴的色泽，容易使菜肴出汤等，因此熘炒菜肴不宜盖锅盖。

熘炒菜肴要颠锅

颠锅可使锅内菜肴全部翻身或连续翻动移位，以受热和裹汁均匀。颠锅时以腕力为关键，先用拇指发力将锅略往怀里拉动，然后用其余四指将锅略向前送，边送边顺手向上一扬，锅内的菜肴便离锅翻身，以锅寻菜将锅向上一接，便完成全套动作。

熘炒菜要旺火快炒

维生素C、维生素B_1等都不耐热。据测定，用大火快炒的菜，维生素C损失仅17%，若用小火炒，菜里的维生素C将损失50%。所以熘炒菜肴要用旺火，这样炒出来的菜，不仅色美味好，而且菜里的营养损失也少。炒菜时最好将油温控制在200℃以下，这样的油温即可保证蔬菜的营养，也可避免原料中的油脂变性而降低营养价值，甚至产生有害物质。

蔬菜
食用菌

Shucaishiyongjun 家常熘炒菜

干煸白菜叶

☞ **原 料** 大白菜500克。

☞ **调 料** 干辣椒、花椒各3克，精盐、味精各1/2小匙，色拉油1大匙。

◉ 准备工作 *Preparations*

❶ 大白菜去根、去老帮，取嫩白菜叶，洗净。

❷ 放入淡盐水中浸泡15分钟，捞出擦净表面水分，撕成大片。

❸ 干辣椒用清水洗净、泡软，切成小段。

◉ 制作步骤 *Operations*

❶ 炒锅置火上，加入色拉油烧至五成热，先放入少许花椒炸香，捞出花椒不用。

❷ 再放入干辣椒段炸出香辣味。

❸ 然后放入大白菜叶，用中火快速煸炒至熟透。

❹ 最后加入精盐、味精调好口味，出锅装盘即可。

口味 鲜咸辣香   Time 20分钟

雪花苋菜

口味 软嫩清香 ⏰ Time 20分钟

☞ **原 料** 嫩苋菜500克，蛋清150克，鸡胸肉100克，火腿15克。

☞ **调 料** 精盐、味精各1小匙，淀粉1大匙，鸡油2小匙，上汤150克，熟猪油500克(约耗150克)。

◉ 准备工作 *Preparations*

❶ 嫩苋菜去掉头须，用清水洗净，沥干水分。

❷ 火腿刷洗干净，上屉用旺火蒸熟，取出晾凉，切成细蓉。

❸ 鸡胸肉剔去筋膜，洗净，擦净表面水分。

❹ 用刀背捶成细蓉，放入碗中，加入上汤50克搅匀。

❺ 将剩余的上汤加入淀粉、精盐、味精、蛋清调匀，再倒入鸡蓉中搅匀。

◉ 制作步骤 *Operations*

❶ 锅中加入猪油烧至五成热，放入苋菜滑炒2分钟至熟，盛出沥油。

❷ 锅中加入少许底油烧热，先下入鸡蓉朝一个方向炒成棉絮状。

❸ 再放入炒好的嫩苋菜快速翻炒均匀并入味。

❹ 然后淋入鸡油炒拌均匀，出锅装盘，撒上火腿蓉即成。

◐ **原 料** 四季豆400克，猪肉100克，青椒、红椒各1个，虾米25克，水发木耳10克。

◐ **调 料** 葱段10克，姜片5克，精盐、味精各1/2小匙，绍酒2小匙，香油1小匙，色拉油500克(约耗40克)。

◐ **原 料** 土豆2个(约500克)，面粉、芝麻各100克，鸡蛋2个。

◐ **调 料** 葱段50克，干椒丝25克，精盐、味精各1/2小匙，淀粉3大匙，吉士粉、香油各1小匙，色拉油1000克(约耗50克)。

五彩炒四季豆

口味 清香微辣　Time 20分钟

口味 香辣鲜咸　Time 25分钟

麻香土豆条

◉ **准备工作** Preparations

❶ 四季豆撕去豆筋，洗净，捞出沥水，切成5厘米长的小段。

❷ 青椒、红椒去蒂和子，洗净，切成细丝。

❸ 水发木耳去蒂、洗净，也切成细丝。

❹ 猪肉去筋膜，洗净，擦净水分，剁成肉末。

❺ 虾米洗净，放入温水中浸软，捞出剁细，与肉末一起加入绍酒拌匀。

◉ **制作步骤** Operations

❶ 锅中加入色拉油烧至七成热，下入四季豆炸至表面起泡，捞出沥油。

❷ 锅留底油烧热，下入葱段、姜片炸香，放入肉末炒散，再放入四季豆、海米煸出香味。

❸ 烹入绍酒，加入精盐、味精和少许清水烧沸，放入木耳丝、青椒丝、红椒丝炒匀。

❹ 用旺火收汁，淋入香油，出锅装盘即可。

◉ **准备工作** Preparations

❶ 土豆去皮，放入清水中浸泡片刻以去掉部分淀粉，换水洗净，捞出沥水，切成小条。

❷ 吉士粉、面粉、淀粉、鸡蛋和少许清水放入碗内调成浓糊。

❸ 锅加清水烧沸，下入土豆条焯烫至熟，捞出沥水、晾凉，先裹上一层浓糊，再粘上芝麻。

◉ **制作步骤** Operations

❶ 锅置火上，放入色拉油烧至五成热，下入土豆条炸至浅黄色，捞出。

❷ 待锅内油温升至八成热时，再倒入土豆条炸至呈金黄色时，捞出沥油。

❸ 锅留少许底油烧热，下入干椒丝、葱段煸炒出香辣味，再放入土豆条快速翻炒均匀。

❹ 加入精盐、味精翻炒至入味，淋入香油，出锅装盘即成。

肉丝炒空心菜

口味 鲜咸软嫩 ⏱ Time 15分钟

1 空心菜去根、洗净，捞出沥水，切成4厘米长的小段。

2 放入沸水锅中焯烫一下，捞出过凉、沥水。

3 大葱、姜片分别洗净，均切成细丝；蒜瓣去皮，切成小片。

4 猪瘦肉剔去筋膜，洗净、沥水，切成5厘米长的细丝。

5 放入碗中，加入少许精盐、味精、水淀粉抓匀上浆。

◎ **原 料** 空心菜500克，猪瘦肉150克。

◎ **调 料** 大葱、姜片、蒜瓣各5克，精盐、味精、鸡粉、白糖各1/2小匙，绍酒、水淀粉各1小匙，色拉油100克。

◎制作步骤 Operations

1 锅中加入色拉油烧热，下入肉丝滑散、滑透，捞出沥油。

2 锅留少许底油烧热，下入葱丝、姜丝、蒜片炒香。

3 烹入绍酒，加入猪肉丝、精盐、味精、白糖、鸡粉略炒。

4 放入空心菜，用旺火快速炒匀，出锅装盘即成。

口味
清香
软嫩

Time
10分钟

酥豆空心菜

原 料 空心菜400克，青豆150克，青椒50克。

调 料 精盐1小匙，味精少许，色拉油500克(约耗30克)。

准备工作 Preparations

❶ 空心菜去根和老叶，洗净，切成小段。

❷ 青椒去蒂及子，洗净，切成小丁。

❸ 青豆放入淡盐水中浸泡，洗净后沥干。

❹ 锅置火上，加入清水烧沸，放入青豆焯烫一下，捞出沥水、晾凉。

制作步骤 Operations

❶ 坐锅点火，加入色拉油烧至五成热，放入青豆炸至浮出油面，捞出沥油。

❷ 锅中留少许底油，复置旺火上烧至七成热，先放入空心菜煸炒至断生。

❸ 再放入青椒，用旺火快速翻炒均匀，加入精盐煸炒片刻。

❹ 然后放入炸好的青豆炒匀，加入味精翻炒均匀，出锅装盘即可。

腐乳炒空心菜

口味
浓香
软嫩

Time
10分钟

原 料 空心菜300克，白豆腐乳50克。

调 料 蒜瓣20克，精盐1/2小匙，色拉油3大匙。

准备工作 Preparations

❶ 空心菜去根和老叶，用清水洗净，捞出沥水，撕成小段。

❷ 锅中加入清水和少许精盐烧沸，倒入空心菜焯烫一下，捞出过凉、沥水。

❸ 蒜瓣剥去外皮，放在碗内，加入少许清水捣烂成蒜蓉。

❹ 白豆腐乳放入另一碗中压成泥，再加入适量清水调匀成腐乳汁。

制作步骤 Operations

❶ 坐锅点火，加入色拉油烧至六成热，先下入蒜末爆炒出香味 (注意不要炒煳)。

❷ 再放入焯烫好的空心菜，用旺火快速翻炒均匀。

❸ 然后加入调匀的腐乳汁翻炒至熟，出锅装盘即可。

椒丝菠菜

🌀 原 料 嫩菠菜500克，青椒1个。

🌀 调 料 姜末、蒜末、葱末、精盐、味精、绍酒、水淀粉、色拉油各适量，生抽、米醋、白糖各1小匙。

● 准备工作 Preparations

❶ 嫩菠菜去根，用清水洗净，沥去水分，切成段。

❷ 锅中加入清水和少许精盐烧沸，放入菠菜焯烫一下，捞出沥水。

❸ 青椒去蒂和子，用清水洗净，沥净水分，切成丝。

❹ 生抽、米醋、白糖、绍酒放入小碗内调拌均匀，再加入味精和水淀粉充分搅拌均匀成芡汁。

● 制作步骤 Operations

❶ 锅中加入色拉油烧热，放入菠菜段略炒片刻，盛出。

❷ 锅中留少许底油，复置火上烧至六成热，先下入姜末、蒜末爆香。

❸ 再放入青椒丝略炒出香味，烹入调好的芡汁炒匀。

❹ 然后放入葱末和菠菜段炒熟，加入精盐翻炒均匀，即可出锅装盘。

口味 咸鲜微辣　Time 10分钟

茼蒿炒肉丝

口味 软嫩清香　Time 20分钟

🌀 原 料 嫩茼蒿400克，猪瘦肉100克。

🌀 调 料 葱丝、姜丝各5克，味精少许，精盐、酱油各1小匙，香油1/2小匙，色拉油2大匙。

● 准备工作 Preparations

❶ 茼蒿切去老根，放入淡盐水中浸泡并洗涤整理干净。

❷ 捞出沥去水分，切成3厘米长的段。

❸ 猪瘦肉剔去筋膜，洗净，擦净表面水分，切成丝。

❹ 放入盘中，加入少许精盐、味精和色拉油调拌均匀。

● 制作步骤 Operations

❶ 坐锅点火，加入色拉油烧至五成热，先下入肉丝煸炒至变白。

❷ 再放入葱丝、姜丝，用旺火快速翻炒至出香味。

❸ 然后加入酱油炒至上色，放入茼蒿段煸炒至断生。

❹ 加入味精炒匀，淋入香油，出锅装盘即可。

原 料 芥蓝菜300克, 蚝油10克。

调 料 蒜瓣5克, 精盐、味精各1小匙, 胡椒粉、鸡精、白糖、酱油各1/3小匙, 水淀粉适量, 鲜汤、色拉油各2大匙。

蚝油芥蓝菜

口味
鲜咸
浓香

⏱ Time
15分钟

原 料 莲藕250克, 牛肉150克, 木耳5克。

调 料 葱段、姜片、蒜末、精盐、白糖、水淀粉、香油、色拉油各适量, 生抽、老抽、绍酒各1小匙。

莲藕木耳炒牛肉

◎ **准备工作** Preparations

❶ 芥蓝菜去老叶, 洗净, 擦净表面水分, 切成两半。

❷ 锅置火上, 加入清水、适量精盐、色拉油烧沸, 放入芥蓝菜焯煮至断生, 捞起沥水, 摆放在盘内。

❸ 蒜瓣剥去外皮, 用清水洗净, 剁成蒜蓉。

◎ **制作步骤** Operations

❶ 坐锅点火, 加入色拉油烧至四成热, 先下入蒜末、蚝油炒至呈深红色时。

❷ 注入鲜汤, 用旺火烧煮至沸, 撇去浮沫和杂质。

❸ 加入白糖、味精、酱油、鸡精、胡椒粉烧煮片刻出香味。

❹ 再放入芥蓝快速翻炒均匀, 用水淀粉勾芡, 起锅装盘即可。

◎ **准备工作** Preparations

❶ 牛肉剔去筋膜, 洗净、沥水, 切成片。

❷ 放入碗中, 加入生抽、白糖、色拉油和少许水淀粉拌匀, 腌渍10分钟。

❸ 莲藕削去外皮, 放入清水中浸泡并洗净, 沥去水分, 切成薄片。

❹ 木耳用温水浸泡至软, 去蒂和杂质, 洗净, 撕成小朵。

◎ **制作步骤** Operations

❶ 坐锅点火, 加入色拉油烧至六成热, 放入木耳块和莲藕片略炒, 盛出。

❷ 锅留底油烧至七成热, 先下入葱段、姜片和蒜末爆香。

❸ 再放入牛肉片炒至变色, 烹入绍酒, 加入老抽, 淋上香油炒匀。

❹ 然后放入木耳块和莲藕片, 加入精盐翻炒均匀, 用水淀粉勾薄芡, 出锅装盘即可。

◐ 原 料 西红柿300克,鸡蛋3个。

◐ 调 料 精盐、白糖各1小匙,味精少许,香油1/2小匙,色拉油2大匙。

◉ 准备工作 *Preparations*

1 西红柿去掉根蒂,用清水洗净。

西红柿炒鸡蛋

口味 咸鲜微甜

⏱ **Time 15分钟**

2 放入容器内,加入热水浸烫一下。

3 捞出西红柿,剥去外皮,切成滚刀块。

4 鸡蛋磕入碗中,用筷子搅拌均匀。

5 边搅拌边加入少许精盐、味精拌匀成鸡蛋液。

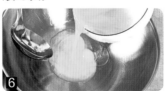

6 锅中加入少许色拉油烧至七成热,倒入鸡蛋液。

7 炒至凝固并呈金黄色时,出锅盛入盘内。

◉ 制作步骤 *Operations*

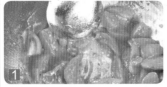

1 锅中加入剩余色拉油烧热,放入西红柿块稍炒。

2 再加入白糖、精盐、味精略炒片刻。

3 放入鸡蛋翻炒均匀,淋入香油,出锅装盘即可。

老厨白菜

口味 咸香软嫩

Time 15分钟

☑ **原 料** 大白菜叶300克,粗粉条100克,猪五花肉50克,蒜苗末5克。

☑ **调 料** 八角、花椒油各少许,精盐、味精、老抽各1/2小匙,酱油、白糖各1小匙,色拉油1大匙。

◎ **准备工作** Preparations

❶ 白菜叶洗净、沥水,撕成大片。

❷ 五花肉洗净、沥水,切成大片。

❸ 粗粉条放入热水中浸泡至回软。

◎ **制作步骤** Operations

❶ 锅中加入色拉油烧热,放入白菜叶煸透,盛出稍晾。

❷ 锅中加入色拉油烧至六成热,先下入八角炸香。

❸ 再放入五花肉煸炒出香味。

❹ 然后加入老抽、酱油炒至五花肉上色。

❺ 放入白菜叶、粉条,加入精盐、味精、白糖炒匀。

❻ 淋入花椒油,出锅装入盘中,撒入蒜苗末即可。

青豆牛肉末

口味 软嫩清香

Time 20分钟

☑ **原 料** 青豆250克,洋葱、牛腿肉各100克。

☑ **调 料** 姜末、蒜末各少许,精盐1/2大匙,味精1小匙,胡椒粉适量,水淀粉3大匙,鸡油2小匙,上汤1000克,猪油750克(约耗50克)。

◎ **准备工作** Preparations

❶ 青豆洗净,放入沸水锅中焯烫一下,捞出冲凉,沥干水分。

❷ 牛腿肉剔去筋膜、洗净,擦净表面水分,剁成肉末。

❸ 洋葱去皮、洗净,切成碎粒。

◎ **制作步骤** Operations

❶ 锅置火上,加入25克熟猪油烧至六成热,下入牛肉末煸炒片刻,边炒边淋入25克熟猪油。

❷ 待牛肉末炒干水分并变色时,加入姜末、蒜末,用旺火快速翻炒均匀,出锅装盘。

❸ 净锅复置火上,加入少许猪油烧至六成热,先下入洋葱粒煸炒至浅黄色。

❹ 再倒入牛肉末稍炒,然后放入青豆,加入酱油、绍酒、精盐、白糖、味精、胡椒粉炒匀,淋入香油,出锅装碗即可。

韭黄肉丝

🐟 原 料 猪瘦肉300克，韭黄125克，红辣椒20克，鸡蛋清1个。

🐟 调 料 精盐1/2小匙，味精少许，料酒、葱姜汁各1大匙，水淀粉4小匙，色拉油750克。

◉ 准备工作 Preparations

❶ 猪瘦肉剔去筋膜，洗净，切成长约5厘米的细丝。

❷ 放入碗内，加入精盐1克、水淀粉、鸡蛋清、料酒10克、葱姜汁10克拌匀上浆。

❸ 韭黄去根及老叶，洗净，切成小段。

❹ 红辣椒去蒂和子，洗净后沥水，切成长4厘米的丝。

口味 清香微辣　Time 15分钟

◉ 制作步骤 Operations

❶ 锅中加入色拉油烧至四成热，下入肉丝拨散、滑熟，倒入漏勺沥油。

❷ 原锅复置旺火上，加入色拉油50克烧至六成热，下入红椒丝略炒。

❸ 放入韭黄段，用旺火翻炒片刻至软，再放入肉丝炒匀。

❹ 然后加入料酒、葱姜汁、精盐和味精炒匀，出锅装盘即成。

蒜蓉菠菜

口味 清香软嫩　Time 10分钟

🐟 原 料 菠菜750克。

🐟 调 料 蒜瓣15克，精盐、味精、鸡粉各1/2小匙，色拉油4小匙。

◉ 准备工作 Preparations

❶ 菠菜去掉红根，择去老叶，放入清水中浸泡并洗净。

❷ 捞出沥去水分，切成8厘米长的小段。

❸ 蒜瓣剥去外皮，洗净，放在小碗内，加入少许清水和精盐捣烂成蒜蓉。

◉ 制作步骤 Operations

❶ 净锅置火上，加入清水、少许精盐、色拉油烧沸。

❷ 放入菠菜快速焯烫一下，捞出沥去水分。

❸ 坐锅点火，加入适量色拉油烧至六成热，先下入蒜蓉炒香并呈浅黄色时。

❹ 放入菠菜快速翻炒均匀，再加入精盐、鸡粉、味精翻炒至入味，即可出锅装盘。

原 料 茼蒿菜350克,扁尖笋35克,松仁25克,泡辣椒适量。

调 料 精盐、味精、美极鲜酱油、香油、葱油、色拉油各适量。

松仁茼蒿菜

口味
清香
鲜嫩

Time
20分钟

原 料 生菜600克。

调 料 蒜瓣5克,精盐、味精、胡椒粉各少许,白糖、酱油、水淀粉各2小匙,绍酒1大匙,蚝油2大匙,香油1小匙,高汤、色拉油各适量。

口味
浓香
软嫩

Time
10分钟

蚝油生菜

◎ 准备工作 Preparations

❶ 茼蒿菜切去老根,洗净,放入加有少许精盐的沸水中焯烫一下。

❷ 捞出茼蒿菜用冷水过凉,攥干水分,切成碎粒。

❸ 扁尖笋撕开,放入清水中浸泡片刻,捞出沥水,切成末。

◎ 制作步骤 Operations

❶ 锅中加入色拉油烧至三成热,放入松仁炸熟,捞出沥油,剁成末,放在盘中。

❷ 净锅置旺火上,加入少许色拉油烧至六成热,下入扁尖笋翻炒一下。

❸ 再放入茼蒿菜和泡辣椒快速翻炒均匀。

❹ 然后加入精盐、味精、葱油、美极鲜酱油调好口味。

❺ 淋上香油炒匀,最后撒上松仁末,出锅装盘即成。

◎ 准备工作 Preparations

❶ 蒜瓣去皮、洗净,放在小碗内捣烂成蓉。

❷ 生菜去根,放入淡盐水中浸泡并洗净,捞出沥水。

❸ 净锅置火上,加入清水、少许精盐、白糖、色拉油烧沸。

❹ 放入生菜快速焯烫一下,捞出沥干水分,放入盘中。

◎ 制作步骤 Operations

❶ 净锅置旺火上,加入少许色拉油烧至六成热,先下入蒜蓉炒至浅黄色。

❷ 再加入蚝油,用中小火煸炒至浓稠。

❸ 然后烹入绍酒,加入胡椒粉、白糖、味精、酱油、高汤煮沸。

❹ 用水淀粉勾芡,淋入香油,起锅浇在生菜上即可。

1 尖椒去蒂及子, 洗净, 沥去水分, 切成尖椒圈。

2 蒜瓣去皮, 放在碗中捣烂成蓉; 橄榄菜取出, 放在盘内。

3 四季豆撕去豆筋, 洗净, 擦净表面水分, 切成小段。

4 放入加有少许精盐的沸水中焯烫一下, 捞出沥水。

榄菜四季豆

口味 咸鲜爽脆　🕐 Time 15分钟

◉ **原 料** 四季豆800克, 瓶装橄榄菜200克, 尖椒25克。

◉ **调 料** 蒜瓣15克, 精盐、味精各1小匙, 绍酒少许, 香油1/2小匙, 熟猪油3大匙。

◉ 制作步骤 *Operations*

1 锅加熟猪油烧至八成热, 放入四季豆炒至九分熟, 盛出。

2 锅内加入底油烧至六成热, 下入蒜蓉煸炒出香味。

3 放入橄榄菜炒匀, 再放入尖椒圈略炒, 烹入绍酒。

4 放入四季豆炒熟, 加入精盐、味精, 淋入香油, 出锅装盘即成。

椰香山药泥

- ⊙ 原 料 山药750克，椰丝25克，红绿樱桃各2粒。
- ⊙ 调 料 白糖适量，熟猪油150克。

🔹 准备工作 *Preparations*

❶ 山药去根，放入清水中刷洗干净，捞出擦净表面水分。

❷ 蒸锅置火上，加入清水烧沸，放入山药用旺火蒸熟，取出。

❸ 晾凉后剥去外皮，放在小碗内，捣烂成山药泥。

❹ 红绿樱桃用清水洗净，去掉果核，切成细末。

口味 香甜软糯
Time 25分钟

🔹 制作步骤 *Preparations*

❶ 锅置中火上，用油滑锅后留部分余油烧热，下入山药泥煸炒。

❷ 边炒山药泥边加入适量猪油炒至山药泥的水分收干时。

❸ 再加入适量白糖，继续翻炒至呈浓稠状时。

❹ 撒入椰丝拌和，出锅装入盘中，最后撒上红绿樱桃末即成。

草菇爆鸡丝

口味 软嫩清香
Time 20分钟

- ⊙ 原 料 鲜草菇300克，鸡胸肉200克，韭黄20克，蛋清15克。
- ⊙ 调 料 姜汁、绍酒各2小匙，精盐、白糖、生抽、水淀粉、色拉油各适量。

🔹 准备工作 *Preparations*

❶ 鸡胸肉剔除筋膜，洗净，先片成大片，再切成5厘米长的细丝。

❷ 放入碗中，加入绍酒、姜汁、蛋清和少许精盐、水淀粉拌匀上浆。

❸ 草菇放入淡盐水中浸泡5分钟，去蒂、洗净，放入沸水中焯烫一下，捞出沥水。

❹ 韭黄去根、洗净，沥去水分，切成小段。

🔹 制作步骤 *Operations*

❶ 坐锅点火，加入色拉油烧至五成热，下入鸡肉丝滑炒片刻，盛出。

❷ 锅中加入底油，复置旺火上烧热，先放入草菇翻炒1分钟。

❸ 再放入鸡肉丝炒匀，然后放入韭黄段翻炒至刚熟。

❹ 加入生抽、白糖和精盐翻炒均匀至入味，用水淀粉勾芡，即可出锅装盘。

荠菜三鲜

◎ 原 料 野荠菜250克,咸肉、蹄筋、鱿鱼各50克。

◎ 调 料 精盐、味精、鸡精各1/2小匙,绍酒1小匙,水淀粉适量,鲜汤、猪油各3大匙。

◎ **准备工作** *Preparations*

❶ 野荠菜去根和老叶,用清水浸泡并洗净,放入沸水锅中焯煮至断生,捞入清水中投凉。

❷ 取出荠菜,沥干水分,切成3厘米长的小段。

❸ 咸肉、鱿鱼分别洗净,均切成薄片;蹄筋洗净,切成段。

❹ 把咸肉、鱿鱼、蹄筋放入沸水锅中煮至断生,捞出沥水,放在盘中。

◎ **制作步骤** *Operations*

❶ 炒锅置火上,加入熟猪油烧至四成热,下入野荠菜煸炒出香味。

❷ 注入适量鲜汤烧煮至沸,再放入咸肉片、鱿鱼片和蹄筋。

❸ 然后加入精盐、绍酒和鸡精,快速翻炒均匀至入味。

❹ 用水淀粉勾芡,转旺火收浓汤汁,加入味精,出锅装盘即成。

口味 软嫩咸香　Time 25分钟

韭菜炒鳝丝

口味 清香辣香　Time 20分钟

◎ 原 料 鳝鱼250克,韭菜100克。

◎ 调 料 精盐、胡椒粉、鸡精、淀粉各1/3小匙,味精、绍酒各1/2小匙,色拉油3大匙。

◎ **准备工作** *Preparations*

❶ 韭菜择洗干净,沥去水分,切成5厘米长的小段。

❷ 鳝鱼宰杀,去掉头、尾,剖开鳝鱼腹部,去掉内脏。

❸ 再用快刀剔去鳝鱼的骨头,用清水洗净,擦净表面水分,切成细丝。

❹ 放在大碗内,加入精盐、绍酒、味精、淀粉拌匀,码味上浆。

◎ **制作步骤** *Operations*

❶ 炒锅置火上,倒入色拉油烧至四成热,下入鳝鱼丝炒匀。

❷ 再放入韭菜段稍炒,然后烹入绍酒,快速翻炒片刻。

❸ 加入精盐、胡椒粉、鸡精快速翻炒至韭菜断生,出锅装盘即成。

⚖ 原　料　丝瓜500克，雪菜100克。

⚖ 调　料　蒜末少许、精盐、白糖、鸡精各1/3小匙，味精1小匙，水淀粉适量，鲜汤2大匙，色拉油适量。

雪菜炒丝瓜

口味 软嫩清香　⏱ Time 20分钟

⚖ 原　料　油菜500克。

⚖ 调　料　葱、姜、蒜瓣、精盐、味精、白糖、四川郫县豆瓣酱、米醋、酱油、水淀粉、色拉油各适量。

口味 香辣甜鲜　⏱ Time 10分钟

鱼香菜心

◉ 准备工作 Preparations

❶ 丝瓜洗净，削去外皮，去掉瓜瓤，切成小条。

❷ 放入沸水锅内焯烫一下，捞出沥水。

❸ 锅中加入色拉油烧热，放入丝瓜条滑炒至断生，盛出。

❹ 雪菜去根和老叶，放入清水中浸泡并洗净，轻轻攥去水分，切成小粒。

❺ 锅置火上，加入清水和雪菜粒焯煮一下去咸味，捞出沥水。

◉ 制作步骤 Operations

❶ 炒锅置火上，加入色拉油烧至四成热，下入蒜末炒出香味。

❷ 注入鲜汤烧沸，再放入雪菜粒、丝瓜条炒匀。

❸ 加入精盐、白糖、味精、鸡精快速翻炒入味。

❹ 用水淀粉勾薄芡，转旺火收浓汤汁，出锅装盘即成。

◉ 准备工作 Preparations

❶ 油菜去根和老叶，洗净、沥水，切成6厘米长的小段。

❷ 大葱、姜块、蒜瓣分别收拾干净，均切碎末。

❸ 豆瓣酱剁细，放在小碗内，加入少许精盐和酱油调匀。

❹ 白糖、米醋、酱油、味精、精盐、水淀粉放入碗中调匀成味汁。

◉ 制作步骤 Operations

❶ 锅置火上，加入色拉油烧至八成热，下入油菜段稍炒，盛入盘中。

❷ 锅中加入少许底油，复置旺火上烧热，下入葱末、姜末和蒜末炒出香味。

❸ 再倒入调制好的郫县豆瓣酱，用小火炒出香辣味。

❹ 然后烹入味汁炒至浓稠，放入油菜炒熟，出锅装盘即成。

木耳韭黄炒虾丝

◎ 原 料 韭黄150克，水发木耳75克，大虾5个。

◎ 调 料 葱丝、精盐、味精、绍酒、花椒油、色拉油各适量。

◎ 准备工作 Preparations

❶ 大虾去掉虾头、虾壳和虾尾，从脊背处挑除沙线，用清水洗净。

❷ 用洁布包裹好大虾，轻轻攥干水分，再由大虾脊部片开呈一大扇。

❸ 放在案板上，用刀背轻轻捶砸，展平虾身，再切成细丝。

❹ 韭黄择洗干净，沥去水分，切成小段。

口味 软嫩清香 Time 30分钟

❺ 水发木耳去蒂，用清水洗净，切成丝，放在盘中。

◎ 制作步骤 Operations

❶ 净锅置火上，加入色拉油烧至六成热，下入葱丝煸炒出香味。

❷ 再放入虾丝稍炒至变色，烹入绍酒，放入木耳丝炒匀。

❸ 然后加入韭黄段翻炒至刚熟，加入精盐调好口味。

❹ 放入味精炒匀，最后淋入烧热的花椒油，出锅装盘即成。

韭黄炒肚丝

 口味 软嫩清香 Time 90分钟

◎ 原 料 猪肚600克，韭黄200克，红辣椒2个。

◎ 调 料 精盐、米醋各1小匙，绍酒1大匙，色拉油2大匙。

◎ 准备工作 Preparations

❶ 猪肚去掉白色油脂和杂质，放入清水盆内反复漂洗干净，捞出沥水。

❷ 锅置火上，加入清水烧沸，放入绍酒和猪肚，用小火煮约1小时。

❸ 捞出猪肚用冷水冲凉，沥净水分，切成丝。

❹ 韭黄去根和老叶，用清水洗净，沥净水分，切成小段。

❺ 红辣椒去蒂和子，洗净，擦净表面水分，切成细丝。

◎ 制作步骤 Operations

❶ 净锅置火上，加入色拉油烧至七成热，先下入红辣椒丝爆香。

❷ 再放入猪肚丝用旺火快速翻炒均匀，烹入绍酒炒拌均匀。

❸ 然后放入韭黄段煸炒至刚熟，加入精盐，烹入米醋炒匀，出锅装盘即可。

◉ 原 料 冬瓜300克，面粉120克，青椒2个，鸡蛋1个。

◉ 调 料 葱花、姜末、精盐、味精、白糖、淀粉、酱油、香醋、绍酒、辣椒油、色拉油各适量。

◉ 原 料 菜花250克，猪肝150克，香菜段少许。

◉ 调 料 葱花、姜末、蒜片各少许，精盐、味精各1/3小匙，白糖1小匙，花椒粉、淀粉各适量，酱油、绍酒各1大匙，猪油2大匙。

抓炒冬瓜

口味 酥软清香　Time 20分钟

口味 鲜咸清香　Time 15分钟

猪肝炒菜花

◉ 准备工作 Preparations
❶ 冬瓜削去外皮，切开后去掉瓜瓤，洗净。
❷ 切成薄片，放在碗内，加入少许精盐略腌。
❸ 面粉放入容器内，加入鸡蛋和少许清水调匀成稍稠的全蛋糊。
❹ 青椒洗净，去蒂及子，切成菱形小块。

◉ 制作步骤 Operations
❶ 锅置火上，加入色拉油烧至七成热，把冬瓜片逐片拍上淀粉，裹匀蛋糊。
❷ 放入锅内炸至呈金黄色时，倒入漏勺沥油。
❸ 锅内留少许底油，复置火上烧至六成热，放入青椒块稍煸片刻。
❹ 加入绍酒、味精、精盐、葱花、姜末、酱油、白糖炒至浓稠。
❺ 再倒入炸好的冬瓜片炒匀，用水淀粉勾芡，淋上辣椒油、香醋，出锅装碗即可。

◉ 准备工作 Preparations
❶ 猪肝剔去筋膜，洗净，沥去水分，切成大片。
❷ 放入碗内，加入少许精盐、绍酒调拌均匀，腌渍入味。
❸ 菜花去根，放入淡盐水中浸泡并洗净，掰成小朵，再放入沸水锅中焯透，捞出沥水。

◉ 制作步骤 Operations
❶ 坐锅点火，加入适量底油烧至五成热，先下入猪肝略炒至变色。
❷ 再放入葱花、姜末、蒜片、花椒粉炒出香味，倒入菜花翻炒均匀。
❸ 然后烹入绍酒，加入酱油、白糖、精盐、味精炒至入味。
❹ 用水淀粉勾薄芡，淋入少许明油，撒上香菜段炒匀，即可出锅装盘。

素炒鳝鱼丝

口味 咸鲜嫩滑 　 Time 30分钟

1 香菜择洗干净，切成小段；净冬笋切成细丝。

2 酱油、白糖、味精、胡椒粉、冬菇汤和少许淀粉调成芡汁。

3 冬菇洗净，放入容器里，加入少许温水浸泡至软。

4 取出去蒂，攥净水分，用剪刀沿边缘旋转剪成细条。

5 放入碗内，加入酱油、味精拌匀并腌渍15分钟。

6 取出腌好的冬菇条挤去酱油，再放入碗中，加入淀粉裹匀。

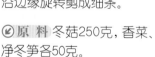

🥢 原 料 冬菇250克，香菜、净冬笋各50克。

🥢 调 料 姜末5克，味精1/2小匙，胡椒粉、白糖、淀粉、香油各1小匙，酱油4大匙，冬菇汤100克，色拉油500克。

制作步骤 Operations

1 锅中加油烧至八成热，放入香菇丝炸至黄褐色，捞出沥油。

2 锅留底油烧至六成热，下入姜末略煸出香味。

3 放入冬笋丝翻炒至熟，再放入炸好的香菇丝。

4 烹入芡汁，淋入香油炒匀，出锅装盘，撒上香菜段即可。

荠菜炒冬笋

- 原 料 冬笋250克,荠菜200克。
- 调 料 大葱、姜块各25克,精盐、味精各1小匙,香油少许,清汤2大匙,色拉油3大匙。

准备工作 Preparations

❶ 荠菜去根和老叶,放入清水中浸泡并择洗干净,捞出沥水。
❷ 锅中加入清水烧沸,倒入荠菜快速焯烫一下,捞出过凉、沥干。
❸ 冬笋削去外皮,洗净,放入沸水锅内焯煮一下,捞出过凉。
❹ 擦净表面水分,切成大片,再放入沸水锅内焯烫一下,捞出沥水。
❺ 大葱去根和老叶,姜块去皮,分别洗净,均切成细丝。

制作步骤 Operations

❶ 坐锅点火,加入色拉油烧至七成热,先下入葱丝、姜丝爆锅。
❷ 放入冬笋片煸炒片刻,再放入荠菜煸炒至熟,加入清汤炒匀。
❸ 然后加入精盐、味精烧沸,淋入香油,出锅装盘即可。

口味 滑嫩清香　Time 25分钟

荠菜炒豆腐

口味 软嫩鲜咸　Time 15分钟

- 原 料 豆腐300克,荠菜250克
- 调 料 姜块、精盐、味精各适量,水淀粉少许,香油2小匙。

准备工作 Preparations

❶ 豆腐片去表面老皮,放入淡盐水中浸泡片刻,捞出沥水。
❷ 切成小方丁,再放入沸水锅内焯烫一下,捞出沥去水分。
❸ 荠菜去根和老叶,放入清水盆内浸泡并洗净,捞出控净水分。
❹ 锅中加入清水和少许精盐烧沸,倒入荠菜快速焯烫至变色。
❺ 捞出用冷水过凉,攥干水分,切成碎末。
❻ 姜块削去外皮,洗净,切成末。

制作步骤 Operations

❶ 净锅置火上,加入香油烧至六成热,下入姜末炝锅出香味。
❷ 再加入荠菜末煸炒片刻,放入豆腐丁轻轻炒拌均匀。
❸ 然后加入精盐、味精炒匀,淋上香油,出锅装盘即成。

海米双耳

🌀 **原 料** 银耳、黑木耳各10克，干虾米（海米）15克。

🌀 **调 料** 花椒5粒，精盐、白糖各1/2小匙，味精、胡椒粉、香油、水淀粉各少许。

● **准备工作** Preparations

❶ 银耳、黑木耳分别放入清水中浸泡至软，取出去掉根蒂，洗净，撕成小朵。

❷ 净锅置火上，加入清水烧沸，放入银耳、黑木耳焯烫一下，捞出沥水。

❸ 干虾米用清水洗净，放入容器内，加入少许清水。

❹ 放入蒸锅用旺火蒸约5分钟，取出晾凉。

口味 椒香适口　Time 30分钟

● **制作步骤** Operations

❶ 净锅置火上，加入少许香油烧热，下入花椒炸煳，捞出花椒不用。

❷ 再放入蒸好的虾米，滗入蒸虾米的原汁烧沸。

❸ 放入银耳和黑木耳，用旺火烧煮至沸，加入精盐、白糖调好口味。

❹ 然后加入味精炒匀，用水淀粉勾芡，出锅装盘即成。

蟹肉草菇

口味 鲜咸浓香　Time 30分钟

🌀 **原 料** 花蟹750克，草菇500克，鸡蛋清2个。

🌀 **调 料** 精盐、味精、淀粉、白糖、胡椒粉、香油各适量。

● **准备工作** Preparations

❶ 草菇去掉根蒂，放入淡盐水中浸泡并洗净，捞出沥水。

❷ 在草菇根部剞上十字花刀，再放入加有少许精盐的沸水中略焯，捞出沥干。

❸ 花蟹刷洗干净，放在大盘内，上屉用旺火蒸8分钟至刚熟。

❹ 取出晾凉，剥去蟹壳，取净花蟹肉待用。

❺ 味精、精盐、白糖、胡椒粉放在小碗内调拌均匀。

❻ 再加入鸡蛋清、淀粉和适量清水调匀成芡汁。

● **制作步骤** Operations

❶ 净锅置火上，加入少许香油烧至六成热，先下入草菇略炒片刻。

❷ 再烹入调好的芡汁快速翻炒均匀，然后加入花蟹肉。

❸ 继续煸炒片刻至入味，淋上少许烧热的香油，即可出锅装盘。

🍂 **原 料** 丝瓜600克，鸡翅500克，鸡蛋清10克。

🍂 **调 料** 姜花、蒜末各3克，精盐、绍酒各2小匙，味精1小匙，白糖、香油各少许，水淀粉1大匙，色拉油500克。

丝瓜**鸡翼球**

口味
软嫩
清香

⏱ Time
30分钟

🍂 **原 料** 水发黑木耳、水发银耳各50克，草虾10只，芥蓝片25克。

🍂 **调 料** 葱末、姜末各10克，精盐1小匙，味精1/2小匙，淀粉3大匙，水淀粉1大匙，葱油5小匙。

口味
鲜咸
软嫩

⏱ Time
20分钟

木耳**爆敲虾**

🌼 **准备工作** Preparations

❶ 鸡翅去净绒毛，剔去骨头，洗净、沥水，在内侧剞上井字花刀，再切成小块。

❷ 放在大碗内，加入少许精盐、绍酒、鸡蛋清和水淀粉拌匀，腌渍入味。

❸ 丝瓜去皮、去瓤，洗净，切成菱形块。

❹ 放入加有少许精盐、色拉油的沸水中焯烫一下，捞出沥干。

🌼 **制作步骤** Operations

❶ 锅中加入色拉油烧至五成热，放入鸡翅球炸至断生，捞出沥油。

❷ 锅留少许底油烧热，下入蒜末、姜花炒香。

❸ 放入鸡翅球略炒，再烹入绍酒，加入精盐、味精、白糖炒至入味。

❹ 放入丝瓜块快速翻炒均匀，用水淀粉勾芡，淋入香油，出锅装盘即可。

🌼 **准备工作** Preparations

❶ 草虾去头、去壳、留尾，洗净，从背部剖开，去除沙线，再从中间片成两片，加入精盐腌渍10分钟，冲净、沥水。

❷ 放在案板上，用面棍轻敲，边敲边撒上淀粉，敲至原来体积的2倍。

❸ 放入沸水锅中焯熟，捞出沥干。

❹ 黑木耳、银耳分别去蒂，洗净，沥去水分，均撕成小朵，放入沸水中焯透，捞出过凉，沥去水分。

🌼 **制作步骤** Operations

❶ 锅中加入葱油烧至六成热，下入葱末、姜末炒香。

❷ 再放入芥蓝片、敲虾片、黑木耳和银耳快速翻炒均匀，加入精盐、味精调好口味。

❸ 然后用水淀粉勾薄芡，出锅装盘即可。

酸菜炒银芽

口味
咸鲜
微酸

Time
30分钟

⊙ **准备工作** *Preparations*

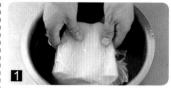

1 酸菜放入盆内，加入适量清水浸泡10分钟。

2 捞出泡好的酸菜，用手轻轻攥干水分。

3 去掉酸菜的根和老叶，改刀切成细丝。

4 绿豆芽掐去两端，用清水洗净，沥净水分。

5 粉丝放入温水盆内浸泡10分钟至回软。

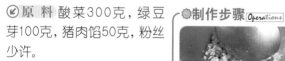

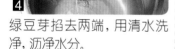

6 捞出泡好的粉丝，沥净水分，用剪刀剪成小段。

⊙ **原 料** 酸菜300克，绿豆芽100克，猪肉馅50克，粉丝少许。

⊙ **调 料** 精盐、绍酒、鲜露、色拉油各适量。

⊙ **制作步骤** *Operations*

1 坐锅点火，加入适量色拉油烧热，放入猪肉馅煸炒至酥香。

2 烹入绍酒，加入鲜露和精盐稍炒片刻出香味。

3 再放入酸菜丝、绿豆芽，用旺火快速翻炒均匀。

4 放入粉丝段炒匀，用旺火收汁，淋上明油，出锅装盘即可。

夏果露笋鲜带子

口味 鲜嫩清香
Time 15分钟

🌀 **原 料** 鲜露笋(芦笋)300克，鲜带子100克，夏威夷果50克，鸡蛋清少许。

🌀 **调 料** 姜末、蒜蓉各5克，精盐1小匙，味精、白糖各1/2小匙，淀粉、水淀粉各1大匙，绍酒2大匙，香油2小匙，清汤150克，色拉油750克(约耗100克)。

🌸 **准备工作** Preparations

❶ 露笋去根、去老皮，洗净，斜切成5厘米长的橄榄形。

❷ 鲜带子择洗干净，放入碗中，加入鸡蛋清和少许绍酒、精盐、淀粉拌匀上浆。

🌸 **制作步骤** Operations

❶ 锅中加油烧至三成热，下入夏威夷果炸至浅黄色，捞出沥油。

❷ 再放入鲜带子浸炸至刚熟，捞出，待油温升至六成热时，放入露笋冲一下，捞出。

❸ 锅留底油烧至五成热，下入蒜蓉、姜末炒香，放入露笋，加入绍酒、清汤、精盐、白糖、味精烧至入味。

❹ 再放入带子，用水淀粉勾芡，淋入香油，撒上夏威夷果，出锅装盘即可。

醋熘白菜

口味 酸辣爽口
Time 15分钟

🌀 **原 料** 白菜500克，胡萝卜50克，干红辣椒5克。

🌀 **调 料** 姜片5克，精盐、味精各1/3小匙，白糖1/2大匙，淀粉适量，陈醋1大匙，花椒油1小匙，色拉油2大匙。

🌸 **准备工作** Preparations

❶ 胡萝卜去皮、洗净，切成象眼片，放入加有精盐的沸水中焯烫一下，捞出沥干。

❷ 干红辣椒去蒂和子，洗净，切成小段；姜片洗净，切成细丝。

❸ 大白菜去根和叶，洗净、沥水，先顺长切成长条，再切成菱形片。

❹ 锅加清水烧沸，放入白菜片焯透，捞出用冷水冲凉，沥干水分。

🌸 **制作步骤** Operations

❶ 炒锅置火上，加入色拉油烧至六成热，下入姜丝和辣椒段炝锅。

❷ 再放入白菜片，用旺火翻炒均匀，放入胡萝卜片稍炒。

❸ 然后烹入陈醋，加入白糖、精盐、味精炒熟至入味。

❹ 用水淀粉勾薄芡，淋入烧热的花椒油，出锅装盘即成。

西蓝花炒鸡块

原 料 鸡胸肉250克,西蓝花100克,胡萝卜50克。

调 料 蒜末、鸡精、白糖、淀粉、酱油、香油、色拉油各适量。

准备工作 *Preparations*

❶ 鸡胸肉剔去筋膜,洗净,沥去水分,切成小块。

❷ 放入容器中,加入少许白糖、淀粉、酱油拌匀上浆。

❸ 西蓝花洗净,掰成小朵;胡萝卜去皮、洗净,切成薄片。

❹ 净锅置火上,加入清水烧沸,分别放入西蓝花、胡萝卜片焯烫一下,捞出沥干。

口味 软嫩清香 **Time** 25分钟

制作步骤 *Operations*

❶ 净锅置火上,加入少许色拉油烧至三成热,放入适量精盐翻炒一下。

❷ 待油温升至七成热时,下入鸡肉块和蒜末,用旺火煸炒出香味。

❸ 再加入西蓝花、胡萝卜片翻炒均匀,加入白糖、酱油调好口味。

❹ 然后加入鸡精炒匀,淋入香油,即可出锅装碗。

奶香花菜

口味 甜香鲜嫩   **Time** 25分钟

原 料 菜花500克,口蘑50克,青椒、红椒各15克。

调 料 蒜片、鸡粉、花生酱、绍酒、三花淡奶、鹰粟粉、上汤、牛油、色拉油各适量。

准备工作 *Preparations*

❶ 菜花去根、洗净,掰成小朵,放入加有少许精盐的沸水中焯烫一下,捞出沥水。

❷ 口蘑去根、洗净,捞出沥去水分,放在小碗内。

❸ 加入少许上汤调拌均匀,上屉用旺火蒸5分钟,取出。

❹ 青椒、红椒分别去蒂和子,洗净、沥水,切成小块。

制作步骤 *Operations*

❶ 净锅置火上,加入色拉油烧至六成热,下入青椒、红椒块、蒜片炒香。

❷ 放入口蘑,滗入蒸口蘑的原汁炒匀,再放入菜花烧煮至沸。

❸ 烹入绍酒,加入上汤炒匀,然后加入花生酱、牛油、鸡粉烧至汤汁浓稠。

❹ 最后加入三花淡奶,用鹰粟粉勾薄芡,淋入明油,出锅装碗即可。

⊘ **原　料** 鲜河虾仁300克，芥蓝75克，鸡蛋清1个。

⊘ **调　料** 精盐、熟鸡油各1小匙，白糖、味精各1/2小匙，淀粉、绍酒各5小匙，水淀粉1大匙，清汤75克，色拉油500克(约耗75克)。

⊘ **原　料** 猪肉180克，榨菜丝、黑木耳各50克，干金针、金针菇各30克，酸枣仁15克，百合10克。

⊘ **调　料** 姜2片，精盐1小匙，冰糖1大匙，乌醋2大匙，香油少许。

芥蓝虾仁

口味
软嫩
清香　　Time 20分钟

口味
鲜嫩
软烂　　Time 30分钟

金针菇炒肉丝

◉ 准备工作 *Preparations*

❶ 虾仁去虾线，洗净，攥干水分，放在碗里。

❷ 先加入鸡蛋清调拌均匀，再加入淀粉和少许精盐拌匀上浆。

❸ 芥蓝去根、洗净，放入沸水锅内焯烫片刻，捞出沥净水分。

❹ 锅置火上，加入色拉油烧至四成热，放入虾仁滑散至熟，捞出沥油。

◉ 制作步骤 *Operations*

❶ 锅中加入25克色拉油烧至六成热，放入芥蓝稍炒，烹入少许绍酒，加入白糖和少许精盐炒拌均匀，出锅盛在盘内垫底。

❷ 锅置火上烧热，烹入绍酒，加入清汤、味精和精盐烧沸，放入滑好的虾仁炒匀。

❸ 用水淀粉勾芡，淋上熟鸡油，出锅盛在芥蓝上面即成。

◉ 准备工作 *Preparations*

❶ 猪肉剔去筋膜，洗净，切成丝。

❷ 金针菇去根、洗净，切成小段。

❸ 榨菜丝洗净，用开水烫一下，捞出沥水。

❹ 干金针去硬梗，用清水泡软，捞出沥干。

❺ 黑木耳用清水泡软，去除根蒂，洗净，切成丝；姜片切成丝。

❻ 将酸枣仁、百合放入锅中，加入一碗清水煮至剩30毫升时，去渣取汁。

◉ 制作步骤 *Operations*

❶ 净锅置火上，加入香油烧至六成热，先下入猪肉丝和姜丝煸炒出香味。

❷ 再放入干金针、榨菜丝、金针菇、黑木耳和药汁炒约3分钟。

❸ 然后加入精盐、冰糖和乌醋炒至入味，出锅装盘即可。

Time
30分钟

清炒魔芋丝

🍃 原　料 魔芋丝1包，火腿15克。

🍃 调　料 生姜、大葱各10克，精盐、味精各2小匙，白糖1小匙，绍酒、清汤、水淀粉各适量，色拉油4小匙。

◉ 准备工作 Preparations

❶ 将魔芋丝取出、解散，放在大碗内，倒入适量温水浸泡片刻、捞出。

❷ 净锅置火上，加入清水和少许精盐烧沸，倒入魔芋丝焯烫一下。

❸ 快速捞出魔芋丝，放入冷水中过凉，取出沥去水分。

❹ 火腿刷洗干净，放在碗内，加入绍酒和清汤，上屉用旺火蒸10分钟，取出晾凉，切成丝；蒸火腿的原汁过滤后待用。

❺ 生姜去皮、洗净，切成细丝；大葱去根和老叶，洗净，切成段。

◉ 制作步骤 Operations

❶ 净锅置火上，加入色拉油烧至六成热，下入姜丝、葱段煸炒片刻。

❷ 再放入魔芋丝和火腿丝，用旺火快速翻炒均匀，倒入蒸火腿的原汁炒匀。

❸ 然后加入精盐、味精、白糖煸炒入味，用水淀粉勾芡，出锅装盘即成。

蟹黄炒茭白

Time
20分钟

🍃 原　料 茭白200克，蟹黄150克。

🍃 调　料 大葱、姜末、精盐、味精、绍酒、花椒油、色拉油各适量。

◉ 准备工作 Preparations

❶ 蟹黄放在小碗内，加入少许绍酒和精盐调拌均匀。

❷ 蒸锅置火上，加入清水烧沸，放入蟹黄用旺火蒸熟，取出晾凉，掰成小块；

❸ 大葱去根、去老叶，洗净，切成小粒。

❹ 茭白剥去外壳，削去外皮，放入淡盐水中浸泡并洗净，切成小片。

❺ 锅中加入清水烧沸，放入茭白片焯烫一下，捞出用冷水过凉，沥去水分。

◉ 制作步骤 Operations

❶ 净锅置火上，加入适量色拉油烧至六成热，先下入葱末、姜末炒出香味。

❷ 再放入茭白片煸炒一下，烹入绍酒，放入蟹黄快速翻炒均匀。

❸ 然后加入精盐、绍酒和味精调好口味，淋入花椒油，出锅装盘即可。

◈ 原 料 青菜心300克，口蘑50克。

◈ 调 料 葱末、姜末、水淀粉各少许，精盐2小匙，味精1小匙，绍酒1/2大匙，鸡汤400克，色拉油3大匙。

◈ 原 料 莴笋500克，干红辣椒5克。

◈ 调 料 大葱5克，精盐、白糖各1/2小匙，味精、酱油、花椒油各1小匙，豆瓣酱、鲜汤各3大匙，水淀粉2小匙，色拉油75克。

口蘑菜心

口味 软嫩清香　Time 30分钟

口味 香辣麻香　Time 15分钟

麻辣莴笋

◉ 准备工作 Preparations

1. 口蘑用温水洗净，放在大碗内，加人200克鸡汤调匀，入蒸锅用旺火蒸10分钟。
2. 取出晾凉，捞出口蘑，去掉菌柄，用清水洗净，切成4片。
3. 蒸口蘑的原汤用细纱布过滤、取净汤汁。
4. 菜心去根和老叶，洗净，入沸水锅中焯烫一下，捞出沥水。

◉ 制作步骤 Operations

1. 炒锅置中火上，加人色拉油烧至六成热，先下人葱末、姜末炝锅。
2. 倒人过滤后的口蘑原汤，加人200克鸡汤烧沸，撇去浮沫和杂质。
3. 再放人口蘑片，加人精盐、绍酒、味精烧5分钟至人味。
4. 然后放人青菜心翻炒均匀，用水淀粉勾芡，出锅装盘即成。

◉ 准备工作 Preparations

1. 莴笋去根、去皮，洗净、沥水，切成5厘米长的粗条。
2. 干红辣椒去蒂和子，斜切成段；豆瓣酱放在碗内，捣烂成蓉。
3. 大葱去根和老叶，用清水洗净，沥去水分，切成葱末。

◉ 制作步骤 Operations

1. 净锅置火上，加人色拉油烧至六成热，先下人豆瓣酱炒出香辣味。
2. 放人葱末炒出香味，再添人鲜汤烧煮至沸，撇去浮沫和杂质。
3. 放人莴笋条炒拌均匀，然后加人酱油、白糖、精盐和味精调好口味。
4. 用水淀粉勾薄芡，淋上烧热的花椒油炒匀，出锅装盘即成。

1 蒜瓣剥去外皮，洗净，沥去水分，剁成细蓉。

2 红尖椒去蒂和子，洗净，沥净水分，切成小菱形片。

 3 西蓝花去蒂、洗净，掰成小朵，在根部剞上十字花刀。

4 放入加有少许色拉油和精盐的沸水中焯烫至熟，捞出。

蒜蓉西蓝花

口味 清脆爽口 ⏱ Time 15分钟

📋 **原料** 西蓝花500克，蒜瓣50克，红尖椒1个。

📋 **调料** 味精、鸡粉各1小匙，精盐、香油、色拉油各1大匙，水淀粉适量。

◎**制作步骤** *Operations*

1 取一圆碗，把西蓝花花瓣朝外码放在碗内，翻扣在盘内。

2 锅置火上，加入适量色拉油烧热，下入蒜蓉炒出香味。

3 放入红尖椒片炒匀，加入清汤、精盐、味精、鸡粉调味。

4 用水淀粉勾薄芡，淋入香油，出锅浇淋在西蓝花上即成。

香辣萝卜干

口味 鲜香 爽辣 ⏱ Time 15分钟

◎ **原 料** 萝卜干300克，红辣椒1根。

◎ **调 料** 蒜2瓣，冰糖、酱油各1大匙，辣椒油1小匙，绍酒适量，色拉油3大匙。

◎ **准备工作** Preparations

❶ 红辣椒去蒂和子，洗净，沥净水分，切成5厘米长的丝。

❷ 冰糖放入小碗里捣碎，加入少许热水调匀成冰糖水。

❸ 萝卜干放入冷水中浸泡片刻以去除部分盐分。

❹ 取出沥去水分，切成细条。

◎ **制作步骤** Operations

❶ 坐锅点火，加入色拉油烧热，先下入红辣椒、蒜末炒出香味。

❷ 再放入切好的萝卜干略炒片刻。

❸ 然后加入冰糖水，用中火熘炒至萝卜干变白。

❹ 加入酱油、辣椒油、绍酒拌炒均匀。

❺ 转旺火快炒至入味，出锅装盘即可。

淡菜炒笋尖

口味 软嫩 鲜香 ⏱ Time 30分钟

◎ **原 料** 淡菜、嫩扁尖笋各200克。

◎ **调 料** 精盐、绍酒、鸡汤、色拉油各适量。

◎ **准备工作** Preparations

❶ 扁尖笋剥去外壳，削去外皮，洗净。

❷ 锅中加入清水烧沸，放入扁尖笋焯烫一下，捞出用冷水过凉。

❸ 擦净表面水分，切成3厘米长的小条。

❹ 淡菜放入开水中浸泡至软，再换清水洗净杂质。

❺ 放入碗中，加入适量开水淹没淡菜，上屉用旺火蒸松。

❻ 取出淡菜晾凉，剪去淡菜的老块和中心毛蓉，洗净，原汤过滤留用。

◎ **制作步骤** Operations

❶ 净锅置火上，加入色拉油烧至六成热，先放入扁尖笋条和淡菜稍炒。

❷ 再加入蒸淡菜的原汤、绍酒、精盐、鸡汤，待炒至汤汁收干时。

❸ 出锅装入盘中，一边放淡菜，一边放笋尖即可。

山药炒蚬仁

原　料 活海蚬500克，山药200克，香菜段50克。

调　料 葱丝、姜丝各15克，精盐、味精、绍酒、花椒油、色拉油各适量。

准备工作 Preparations

❶ 活蚬子放入淡盐水中浸泡片刻，捞出刷洗干净，沥去水分。

❷ 放在盘内，上屉用旺火蒸约5分钟至九分熟，取出。

❸ 剥去蚬子外壳，取净蚬肉，用原汤洗净。

❹ 山药削去外皮，洗净，切成象眼片，入沸水锅中略烫一下，捞出沥水。

口味 滑嫩清鲜　**Time** 20分钟

制作步骤 Operations

❶ 净锅置火上，加入色拉油烧至六成热，先下入葱丝、姜丝炒香。

❷ 再烹入绍酒，放入山药片和蚬肉，用旺火快速翻炒片刻。

❸ 然后加入精盐、味精调好口味，撒入香菜段炒匀。

❹ 最后淋入烧热的花椒油炒匀，出锅装盘即成。

芹菜爆虾干

口味 清香嫩滑　**Time** 20分钟

原　料 芹菜250克，虾干50克。

调　料 葱末、姜末各5克，精盐、味精、白糖各1/3小匙，鸡粉1/2小匙，绍酒1小匙，水淀粉、鲜汤、色拉油各1大匙

准备工作 Preparations

❶ 芹菜去根、去叶，取嫩芹菜茎洗净，切成小段。

❷ 放入加有少许精盐的沸水中烫至八分熟，捞出冲凉、沥干。

❸ 虾干用温水浸泡至软，再换清水漂洗干净，沥去水分。

制作步骤 Operations

❶ 净锅置火上，加入色拉油烧至六成热，放入虾干炸至金黄色，捞出沥油。

❷ 锅中留少许底油，复置旺火上烧热，先下入葱末、姜末炒香。

❸ 再烹入绍酒，添入鲜汤，加入精盐、味精、白糖、鸡粉调匀。

❹ 然后放入芹菜段和炸好的虾干，用小火煸炒至入味。

❺ 用水淀粉勾薄芡，淋入少许明油，即可出锅装盘。

◖ 原 料 鸡胸肉100克，雪里蕻40克，毛豆仁15克，红辣椒2根。

◖ 调 料 鸡精1/2小匙，味精、花椒油各少许，淀粉1大匙，绍酒1小匙，酱油、色拉油各2大匙。

◖ 原 料 青椒150克，鸡蛋4个，大葱15克。

◖ 调 料 精盐、味精、白糖各1/3小匙，鸡精、绍酒各1/2小匙，胡椒粉少许，色拉油3大匙。

雪菜毛豆鸡丁

口味 嫩滑清香　⏱ Time 25分钟

口味 滑嫩清香　⏱ Time 15分钟

青椒炒蛋

◉ 准备工作 Preparations

❶ 鸡胸肉剔去筋膜，洗净，切成1厘米大的丁。

❷ 放入碗中，加入酱油、淀粉调拌均匀，腌渍15分钟。

❸ 雪里蕻去根和老叶，放入清水中浸泡以去除部分盐分。

❹ 再换清水洗净，攥干水分，切成碎末。

❺ 毛豆仁剥去外皮、洗净；红辣椒去蒂、洗净，切成末。

◉ 制作步骤 Operations

❶ 净锅置火上，加入色拉油烧至六成热，先下入红辣椒、毛豆仁炒香。

❷ 再放入鸡肉丁，用旺火煸炒至鸡肉丁变色且刚熟，放入雪里蕻末煸炒至熟烂。

❸ 烹入绍酒，加入鸡精和味精炒至入味。

❹ 淋上花椒油炒匀，出锅装盘即可。

◉ 准备工作 Preparations

❶ 青椒去蒂、去子，洗净，切成6厘米长的丝，加入少许精盐拌匀。

❷ 鸡蛋磕入大碗内搅散，先加入精盐、绍酒调拌均匀。

❸ 再加入胡椒粉、鸡精、味精、白糖搅匀成鸡蛋液。

❹ 大葱去根和老叶，洗净、沥水，切成碎末。

◉ 制作步骤 Operations

❶ 炒锅置火上，放入一半色拉油烧至六成热，倒入鸡蛋液炒散至熟，取出。

❷ 原锅复置旺火上，倒入另一半色拉油烧热，先下入葱末炝锅出香味。

❸ 再放入青椒丝用旺火快速翻炒均匀。

❹ 然后倒入炒好的鸡蛋翻炒均匀，出锅装盘即成。

1 土豆削去外皮,洗净,先切成两半,再切成薄片。

2 青椒、红椒分别去蒂、去子,洗净,切成小块。

3 红蘑用温水泡软,去除老根及杂质,洗净。

红蘑土豆片

口味 咸鲜滑软

⏱ Time 90分钟

◉ **原 料** 土豆400克,红蘑50克,青椒、红椒各15克。

◉ **调 料** 葱末、姜末、蒜末各少许,葱段、姜片各15克,精盐、味精、胡椒粉、香油各适量,酱油2大匙,鲜汤150克,色拉油750克。

4 放入沸水锅内烫透,捞出沥净水分,放入碗中。

5 加入葱段、姜片和鲜汤,上锅蒸1小时至入味,取出。

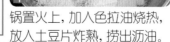

1 锅置火上,加入色拉油烧热,放入土豆片炸熟,捞出沥油。

2 锅留底油烧热,下入葱末、姜末、青椒块、红椒块稍炒。

3 再放入红蘑块、土豆片翻炒均匀出香味。

4 加入酱油,滗入蒸红蘑的原汁烧沸。

5 加入蒜末、精盐、味精、胡椒粉和香油炒匀,即可出锅装盘。

杭椒炒虾皮

口味 香辣 鲜香　⏱ Time 15分钟

原　料 杭椒250克，鲜虾皮50克，红辣椒25克。

调　料 大葱、姜片各5克，精盐、味精、鸡粉各1/3小匙，绍酒1大匙，淀粉适量，清汤少许，香油1小匙，色拉油500克（约耗50克）。

准备工作 Preparations

❶ 鲜虾皮用清水泡透、洗净，捞出沥干。

❷ 红辣椒去蒂和子、洗净，沥净水分，切成小条。

❸ 大葱、姜片分别洗净，均切成细末。

❹ 杭椒去蒂、洗净，放在案板上，用刀拍一下。

制作步骤 Operations

❶ 锅置火上，加入色拉油烧至五成热，放入杭椒滑透，捞出沥油。

❷ 炒锅上火，加入适量底油烧热，先下入葱末、姜末炒香。

❸ 烹入绍酒，放入虾皮、辣椒煸炒片刻。

❹ 再加入精盐、味精、鸡粉和清汤烧沸。

❺ 然后放入杭椒快速翻炒均匀，用水淀粉勾薄芡，淋入香油，即可出锅装盘。

西红柿炒卷心菜

口味 咸鲜 清香　⏱ Time 10分钟

原　料 卷心菜300克，西红柿150克。

调　料 葱末、姜末共3克，精盐、味精、香油各少许，色拉油1大匙。

准备工作 Preparations

❶ 卷心菜剥去外层老叶，洗净，一切两半，切去菜根。

❷ 再把卷心菜切成细丝，加入少许精盐拌匀，腌渍5分钟。

❸ 西红柿去蒂、洗净，用小刀在表面剞上十字花刀，放入热水中稍烫。

❹ 捞出晾凉，剥去西红柿外皮，改刀切成厚片。

制作步骤 Operations

❶ 净锅置火上，加入色拉油烧至五成热，先下入葱末、姜末炝锅。

❷ 再放入卷心菜，用旺火翻炒1分钟至八分熟，盛出。

❸ 净锅复置火上，加入少许色拉油烧热，放入西红柿片煸炒出汁。

❹ 再放入卷心菜，加入精盐、味精炒匀，淋入香油，出锅装盘即可。

洋葱炒豆干

◉ 原 料 洋葱200克，豆腐干150克。

◉ 调 料 白糖、味精各1/2小匙，酱油、绍酒各1大匙，香油少许，色拉油2大匙。

◉ 准备工作 Preparations

❶ 白糖、味精、酱油和绍酒放入小碗里调拌均匀成味汁。

❷ 洋葱剥去外皮，洗净，沥净水分，先切成两半，再切成细条。

❸ 豆腐干洗净，每块豆腐干平片成两半成厚片，再切成小条，用清水稍洗一下。

❹ 锅中加入清水烧沸，放入豆腐干条焯烫一下，捞出沥干。

口味 咸鲜微辣

Time 15分钟

◉ 制作步骤 Operations

❶ 净锅置火上，加入色拉油烧至六成热。

❷ 先放入洋葱条，用中小火煸炒至变色。

❸ 再放入豆腐干条，转旺火翻炒均匀。

❹ 然后烹入调好的味汁，淋入香油炒匀，出锅装盘即可。

豆筋皮炒韭菜

口味 软嫩清香

Time 20分钟

◉ 原 料 豆筋皮300克，韭菜200克。

◉ 调 料 姜1小块，精盐、鸡粉、味精各1/2小匙，香油少许，葱油4小匙。

◉ 准备工作 Preparations

❶ 韭菜择洗干净，沥净水分，切成小段。

❷ 姜块去皮、洗净，先切成细丝，再改刀切成末。

❸ 豆筋皮用清水洗净，放入凉水中泡软，取出轻轻攥去水分，切成小长条。

❹ 锅内加入清水烧沸，放入豆筋皮条焯烫一下，捞出用冷水过凉，沥干水分。

◉ 制作步骤 Operations

❶ 坐锅点火，加入葱油烧至五成热，先下入姜末炒香。

❷ 再放入韭菜段，用旺火快速翻炒至变色。

❸ 然后放入豆筋皮，加入精盐炒至入味。

❹ 加入鸡粉、味精翻炒均匀，淋入香油，即可出锅装盘。

畜肉

Churou 家常熘炒菜

清炒里脊

口味
咸鲜
滑嫩

⏱ Time 20分钟

1 冬笋去皮、洗净，切成片；冬菇洗净，切成薄片。

2 油菜心去根、洗净，切成3厘米长的小段。

3 锅中加水烧沸，放入冬笋片和冬菇片焯一下，捞出沥水。

4 再放入油菜段焯烫一下，捞出沥净水分。

5 猪里脊肉剔去筋膜，切成薄片，放入碗中。

6 加入精盐、鸡蛋清、少许水淀粉码味上浆。

📎 **原 料** 猪里脊肉300克，冬笋15克，水发冬菇、油菜心各10克，鸡蛋清1个。

📎 **调 料** 葱末、姜末共15克，精盐、味精各少许，绍酒1小匙，水淀粉1大匙，清汤250克，熟猪油500克(约耗50克)。

制作步骤 *Operations*

1 锅中加油烧至五成热，下入里脊片滑散至熟，捞出沥油。

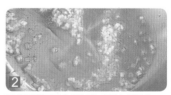

2 原锅留底油烧热，下入葱末、姜末炝锅。

3 放入冬笋片、冬菇、菜心和里脊肉片炒匀。

4 加入清汤、绍酒和味精炒匀，用水淀粉勾芡，装盘即可。

爆炒腰丝

口味 软嫩清香　Time 20分钟

◉ 原 料　猪腰子2个，水发玉兰片丝、水发香菇丝、豌豆各30克，鸡蛋清1个。

◉ 调 料　葱末、蒜末、姜末各5克，精盐1小匙，味精、白胡椒粉各1/2小匙，淀粉2大匙，绍酒1大匙，葱姜汁2小匙，鲜汤适量，色拉油750克。

◉ **准备工作** Preparations

❶ 猪腰子剥去外皮，一切两半，片去腰臊，洗净，先片成大薄片，再切成细丝。

❷ 放在碗内，加入少许精盐、绍酒、鸡蛋清和淀粉调匀上浆。

❸ 葱末、蒜末、姜末、味精、绍酒、精盐、鲜汤放入碗中调匀成味汁。

◉ **制作步骤** Operations

❶ 净锅置火上，加入色拉油烧至三成热，下入腰丝滑散，捞出沥油。

❷ 原锅留底油烧热，先下入玉兰片丝和香菇丝煸炒几下，放入豌豆炒至刚熟。

❸ 再烹入调好的味汁快速翻炒均匀。

❹ 然后放入猪腰丝爆炒至均匀入味，淋入少许明油，出锅装盘即可。

芫爆里脊丝

口味 清香鲜嫩　Time 15分钟

◉ 原 料　猪里脊肉200克，香菜50克。

◉ 调 料　葱丝、姜丝各5克，精盐、味精、胡椒粉、绍酒、清汤各少许，色拉油500克（约耗40克）。

◉ **准备工作** Preparations

❶ 猪里脊肉剔净筋膜，用清水洗净，沥去水分。

❷ 先片成0.2厘米厚的片，再切成6厘米长、0.2厘米粗的丝。

❸ 净锅置火上，加入清水烧沸，放入肉丝焯烫一下，捞出沥水。

❹ 香菜择洗干净，沥去水分，切成3厘米长的段。

◉ **制作步骤** Operations

❶ 净锅置火上，加入色拉油烧至六成热，下入猪肉丝滑散，捞出沥油。

❷ 原锅留少许底油，复置旺火上烧热，先下入葱丝、姜丝炒出香味。

❸ 再加入清汤、绍酒、精盐烧沸，撇去浮沫和杂质，放入里脊肉丝炒匀。

❹ 然后放入香菜段快速翻炒均匀，加入胡椒粉、味精炒匀，出锅装盘即可。

藜蒿炒腊肉

- ⓔ 原 料 腊肉300克, 藜蒿200克。
- ⓔ 调 料 干红辣椒5克, 精盐1小匙, 绍酒适量, 熟猪油2大匙。

⊙ 准备工作 Preparations

❶ 腊肉用清水漂洗干净, 捞出擦净表面水分, 片去表皮。

❷ 放在碗中, 加入少许绍酒和适量清水, 上屉蒸约20分钟。

❸ 取出腊肉晾凉, 分别将肥、瘦腊肉改刀切成小条。

❹ 藜蒿去根, 择取嫩茎, 用冷水浸泡几分钟, 洗净, 切成长条。

口味 咸香鲜辣 Time 30分钟

❺ 干红辣椒去蒂、去子, 洗净, 沥去水分, 切成细末。

⊙ 制作步骤 Operations

❶ 锅中加入熟猪油烧至六成热, 放入肥腊肉及蒸肉的汤汁略炒。

❷ 再放入藜蒿段和干红辣椒末, 用旺火快速煸炒均匀至出香辣味。

❸ 然后加入精盐炒约1分钟, 最后放入瘦腊肉条炒匀, 出锅装盘即可。

京葱炒牛肉

口味 葱香咸鲜 Time 30分钟

- ⓔ 原 料 牛里脊肉250克, 京葱150克。
- ⓔ 调 料 蒜蓉、味精、白糖、嫩肉粉、老抽酱油、黄酒、水淀粉、鲜汤、色拉油各适量。

⊙ 准备工作 Preparations

❶ 京葱剥去外皮, 洗净, 沥去水分, 斜刀切成小条。

❷ 牛里脊肉剔去筋膜, 用清水洗净, 沥净水分, 切成薄片。

❸ 放在大碗内, 先加入黄酒、白糖、老抽酱油和水淀粉拌匀。

❹ 再加入嫩肉粉调匀, 腌渍约10分钟, 然后加入适量色拉油拌匀。

⊙ 制作步骤 Operations

❶ 净锅置火上, 加入少许色拉油烧热, 下入京葱段煸炒至软, 取出。

❷ 净锅复置旺火上烧热, 加入色拉油烧至四成热, 先下入蒜蓉稍炒。

❸ 再放入牛里脊肉片煸炒至刚刚变色, 加入京葱条翻炒均匀。

❹ 然后烹入黄酒, 加入白糖、味精、鲜汤、酱油炒至入味。

❺ 用水淀粉勾薄芡, 淋入少许明油, 出锅装盘即可。

◐ 原 料 肥肠350克,杭椒120克。

◐ 调 料 姜片、蒜片、马耳朵葱各少许,胡椒粉、白糖各1/2小匙,美极鲜酱油、绍酒各1小匙,水淀粉适量,色拉油3大匙。

◐ 原 料 牛里脊250克,青椒、玉米粒各50克。

◐ 调 料 姜片10克,精盐、鸡精、味精、胡椒粉、酱油、蚝油、鲍鱼汁各1/2小匙,白糖、绍酒各1小匙,水淀粉适量,色拉油4大匙。

杭椒爆肥肠

口味 咸鲜嫩滑　⏱ Time 40分钟

口味 香滑鲜嫩　⏱ Time 30分钟

青椒玉米爆牛肉

● 准备工作 Preparations

❶ 杭椒去蒂、去子,洗净、沥水,切成斜刀片。

❷ 肥肠去掉肥脂和杂质,放入清水盆内,加入少许绍酒洗涤整理干净。

❸ 捞出控净水分,放入大碗中,加入姜片、葱片、绍酒调匀。

❹ 放入沸水锅内蒸30分钟至熟,取出晾凉,切成斜刀块。

● 制作步骤 Operations

❶ 炒锅置火上,加入色拉油烧至五成热,下入姜片、蒜片、马耳朵葱炒香。

❷ 放入肥肠块用旺火快速煸炒片刻,再放入杭椒片炒匀。

❸ 然后加入精盐、酱油、白糖快速翻炒至杭椒断生且入味。

❹ 撒入胡椒粉炒匀,用水淀粉勾芡收汁,出锅装盘即成。

● 准备工作 Preparations

❶ 牛里脊肉剔去筋膜,洗净,沥净水分。

❷ 先切成小条,再切成1厘米大小的粒。

❸ 放入碗中,加入少许精盐、酱油、蚝油、鲍鱼汁、胡椒粉、绍酒码味上浆。

❹ 青椒去蒂及子,洗净,切成小丁。

❺ 锅中加入清水烧沸,放入玉米粒和青椒丁焯烫片刻,捞起沥水。

❻ 鸡蛋磕入大碗内,加入少许精盐、绍酒和味精调拌均匀。

● 制作步骤 Operations

❶ 炒锅置火上,加入色拉油烧至七成热,先下入姜片炸出香味。

❷ 捞出姜片不用,再放入牛肉粒炒散至熟,放入青椒粒、玉米粒快速翻炒均匀。

❸ 然后加入精盐、酱油、蚝油、鲍鱼汁、白糖炒至浓稠,用水淀粉勾薄芡,装盘即成。

1 洋葱剥去外皮，用清水洗净，切成小瓣。

2 胡萝卜洗净，削去外皮，切成象眼片。

3 碗中加入白糖、白醋、酱油、精盐和少许水淀粉调成芡汁。

糖醋里脊

口味 酸甜咸鲜

⏱ Time 15分钟

📥 **原 料** 猪里脊肉200克，洋葱、胡萝卜各少许，鸡蛋1个。

📥 **调 料** 精盐、味精各少许，白糖3大匙，白醋、番茄酱各1大匙，酱油1/2大匙，淀粉适量，色拉油1000克（约耗75克）。

4 猪里脊肉切成厚片，剞上浅十字花刀，再切成象眼片。

5 放入碗中，加入少许精盐、味精、鸡蛋液、淀粉调匀上浆。

1 锅中加油烧至七成热，下入里脊肉炸至呈金黄色时捞出。

2 净锅加入底油烧热，下入洋葱、胡萝卜片煸炒一下。

3 再加入番茄酱稍炒片刻，烹入芡汁炒匀。

4 然后放入炸好的肉段，用旺火快速翻炒均匀。

5 淋上少许明油炒匀，即可出锅装盘。

茭笋牛肉丝

原 料 茭笋300克，牛里脊肉150克，胡萝卜、油炸米粉、冬菇丝各50克，香菜段适量。

调 料 姜丝、蒜蓉、精盐、味精、绍酒、水淀粉、香油、色拉油各适量。

准备工作 *Preparations*

❶ 牛里脊肉去除筋膜，洗净、沥水，切成丝。

❷ 放入碗内，加入少许精盐、绍酒和淀粉拌匀上浆。

❸ 茭笋去根、洗净，沥去水分，切成细丝。

❹ 锅中加入清水烧沸，放入茭笋丝快速焯烫一下，捞出沥干。

❺ 胡萝卜去根、外皮，洗净、沥水，切成丝。

口味 鲜香软嫩

Time 30分钟

制作步骤 *Operations*

❶ 锅置火上，放入色拉油烧六成热，放入牛肉丝冲炸一下，捞出沥油备用。

❷ 坐锅点火，加色拉油烧热，先烹入绍酒，再放入蒜蓉、姜丝炒香。

❸ 加入胡萝卜丝、冬菇丝煸炒片刻，然后放入茭笋丝、牛肉丝炒匀。

❹ 加入精盐、味精炒匀，用水淀粉勾芡，淋入香油。

❺ 出锅盛入铺有炸米粉的盘中，再撒上香菜段，即可上桌食用。

韭黄熘兔丝

口味 鲜咸香嫩

Time 10分钟

原 料 兔肉250克，韭黄100克，蛋清1个。

调 料 精盐、鸡精、味精、白糖、胡椒粉、淀粉各1/2小匙，绍酒2小匙，水淀粉适量，色拉油4大匙。

准备工作 *Preparations*

❶ 兔里脊肉洗净，用洁布包裹轻轻压出水分。

❷ 先片成大片，再切成粗丝，放在碗内。

❸ 加入鸡蛋清、绍酒、精盐、味精、淀粉拌匀，码味上浆。

❹ 韭黄去老叶，用清水洗净，沥去水分，切成小段。

制作步骤 *Operations*

❶ 净锅置火上，加入色拉油烧至四成热，下入兔肉丝滑至断生，捞出沥油。

❷ 原锅留少许底油，复置旺火上烧至六成热，先下入韭黄段炒出香味。

❸ 再放入兔肉丝炒匀，加入胡椒粉、鸡精、白糖煸炒约1分钟。

❹ 用水淀粉勾芡收汁，淋入少许明油，出锅装盘即成。

辣炒肚丝

☺ 原 料 熟猪肚400克, 青椒、冬笋各50克。

☺ 调 料 葱丝10克, 姜丝5克, 精盐1/2小匙, 味精少许, 酱油、绍酒各1大匙, 色拉油3大匙。

◎ **准备工作** Preparations

❶ 熟猪肚去掉肥脂和杂质, 洗净、沥水。

❷ 切成6厘米长的丝 (肉厚的肚头部分片成片后再切成丝)。

❸ 净锅置火上, 加入清水烧沸, 放入猪肚丝焯烫一下, 捞出沥干。

❹ 青椒去蒂和子, 洗净, 擦净表面水分, 切成细丝。

口味 鲜香微辣 Time 15分钟

❺ 冬笋放入沸水锅内焯煮一下, 捞出过凉、沥水, 切成丝。

◎ **制作步骤** Operations

❶ 净锅置火上, 加入色拉油烧至四成热, 先下入葱丝和姜丝炒香。

❷ 再放入青椒丝略炒出香辣味, 放入猪肚丝和冬笋丝炒匀。

❸ 然后加入酱油、精盐、绍酒、清汤炒至青椒丝断生, 猪肚丝入味。

❹ 加入味精炒拌均匀, 淋入少许明油, 出锅装盘即可。

生炒肚尖

口味 滑嫩咸香 Time 20分钟

☺ 原 料 猪肚尖500克, 香菜25克, 蛋清2个。

☺ 调 料 蒜片15克, 精盐1/2大匙, 味精少许, 绍酒5小匙, 水淀粉适量, 鸡汤、色拉油各100克。

◎ **准备工作** Preparations

❶ 猪肚尖上的白筋剔除, 放入清水盆内, 加入少许精盐和绍酒拌匀, 搓洗干净。

❷ 放在案板上, 先在表面剞上直花刀, 再横切成薄片, 放入碗内。

❸ 加入少许精盐、绍酒、鸡蛋清、水淀粉拌匀, 码味上浆。

❹ 香菜择洗干净, 控净水分, 切成小段。

❺ 鸡汤、精盐、味精、水淀粉放入大碗中调匀成芡汁。

◎ **制作步骤** Operations

❶ 净锅置火上, 加入色拉油烧至六成热, 下入肚片滑至刀花散开, 捞出沥油。

❷ 原锅留少许底油, 复置旺火上烧至七成热, 先下入蒜片煸炒出香味。

❸ 再放入猪肚尖快速翻炒均匀, 烹入绍酒炒匀。

❹ 然后倒入芡汁颠翻均匀, 撒入香菜段, 出锅装盘即成。

◉ 原　料　猪肚头200克，鸡胗150克。

◉ 调　料　葱花、姜末、蒜末、精盐、味精各适量，绍酒1小匙，水淀粉2大匙，清汤3大匙，熟猪油500克(约耗50克)。

◉ 原　料　猪肚250克，西芹100克，红椒15克。

◉ 调　料　姜末、蒜末各少许，精盐、味精、白糖、胡椒粉各1/2小匙，鸡精、绍酒各1小匙，白醋、水淀粉各适量，色拉油4大匙。

油爆双脆

口味
咸香
脆嫩

Time
20分钟

口味
鲜嫩
爽口

Time
40分钟

西芹肚丝

◉ **准备工作** *Preparations*

❶ 猪肚头剥去脂皮、硬筋，洗净、沥水，在表面划上网状花刀，切成小块。

❷ 放入碗内，加入适量精盐、水淀粉拌匀。

❸ 鸡胗去除内外筋皮，洗净，划上间隔0.2厘米的十字花刀。

❹ 放入另一碗内，加少许精盐、水淀粉拌匀。

❺ 清汤、绍酒、味精、精盐、水淀粉放入小碗内调匀成芡汁。

◉ **制作步骤** *Operations*

❶ 锅置火上，加入熟猪油烧至八成热，放入猪肚头和鸡胗，用筷子迅速划散，倒入漏勺中沥油。

❷ 原锅留少许底油，复置火上烧至六成热，先下入葱花、姜末、蒜末煸香。

❸ 再放入鸡胗和猪肚头炒匀，烹入调好的芡汁翻炒片刻，即可出锅装盘。

◉ **准备工作** *Preparations*

❶ 猪肚去掉油脂和白筋，放入盆内，加入精盐、白醋搓洗干净。

❷ 锅置火上，加入清水、猪肚烧沸，转小火煮至猪肚刚熟，捞出。

❸ 放入冷水中漂凉，沥去水分，切成丝。

❹ 西芹去筋和叶，留嫩芹菜茎洗净，切成细丝；红椒去蒂、去子，洗净，切成丝。

◉ **制作步骤** *Operations*

❶ 净锅置火上，加入色拉油烧至四成热，下入姜末、蒜末炒香出味。

❷ 放入猪肚丝稍炒一下，再放入西芹丝、红椒丝用旺火快速煸炒。

❸ 然后加入精盐、胡椒粉、味精、鸡精、白糖、绍酒翻炒至西芹断生。

❹ 用水淀粉勾芡、收汁，淋上少许明油，出锅装盘即成。

焦熘大肠

口味 咸鲜 酥脆

Time 30分钟

原 料 熟猪大肠300克，冬笋、水发木耳各适量，鸡蛋1个。

调 料 蒜片、葱段、精盐、味精、淀粉、酱油、米醋、高汤、色拉油各适量。

1 冬笋洗净，切成菱形片；水发木耳洗净，撕成小块。

2 精盐、米醋、酱油、味精、高汤、少许淀粉调成芡汁。

3 熟猪大肠斜切成小段，放入沸水锅内煮5分钟，捞出。

4 用洁布吸干猪大肠的水分，放在盘内。

5 鸡蛋、淀粉、精盐放入碗里调匀成浓糊，放入猪大肠挂匀糊。

制作步骤 Operations

1 锅中加油烧至八成热，下入大肠炸至金黄色，倒出沥油。

2 原锅留底油，置火上烧热，下入葱段和蒜片炝锅。

3 再放入冬笋片和木耳块煸炒片刻。

4 然后烹入调好的芡汁，快速颠锅翻炒均匀。

5 放入炸好的猪大肠炒匀，出锅装盘即可。

狝猴桃炒肉丝

口味 软嫩清香　⏱ Time 20分钟

🥢 原 料　猪外脊肉300克，狝猴桃2个。

🥢 调 料　葱丝、精盐、白糖、胡椒粉、绍酒、鸡蛋清、淀粉、高汤、色拉油各适量。

◎ 准备工作 Preparations

❶ 猪外脊肉剔净筋膜，洗净，沥水分。

❷ 放在案板上，先片成薄片，再切成细丝。

❸ 放在碗里，加上少许精盐、绍酒、鸡蛋清和淀粉拌匀上浆。

❹ 狝猴桃剥去外皮，洗净、沥水，先切成薄片，再切成丝。

◎ 制作步骤 Operations

❶ 坐锅点火，加入色拉油烧至五成热，先下入葱丝炝锅。

❷ 再放入浆好的猪肉丝炒散至变色，烹入绍酒炒熟。

❸ 然后加入精盐、白糖、胡椒粉、高汤烧沸，调好口味。

❹ 最后放入狝猴桃丝略炒片刻，改用旺火收浓汤汁，出锅装盘即可。

梅菜炒牛肉

口味 滑嫩鲜香　⏱ Time 30分钟

🥢 原 料　牛肉150克，梅菜100克。

🥢 调 料　葱花20克，精盐、味精、白糖、淀粉、绍酒、香油、色拉油各适量。

◎ 准备工作 Preparations

❶ 牛肉剔去筋膜，放入清水中漂洗去血污，捞出沥净水分。

❷ 先切成小条，再切成黄豆大小的碎粒，放在大碗内。

❸ 加入少许绍酒、精盐、白糖和淀粉调拌均匀，稍腌片刻。

❹ 梅菜去根和杂质，用清水浸泡至软，再换清水洗净，攥干水分，切成碎末，放入盘中，加入少许绍酒拌匀。

◎ 制作步骤 Operations

❶ 净锅置火上，加入色拉油烧至七成热，先下入牛肉粒略炒。

❷ 待牛肉粒变色后，改用中火继续煸炒干水分，烹入绍酒炒匀。

❸ 再放入梅菜碎末煸炒至出香味，加入葱花炒匀。

❹ 然后撒上味精，淋上烧热的香油炒匀，即可出锅装盘。

海蜇肉片

原 料 海蜇皮300克，猪臀尖肉250克，鸡蛋清1个。

调 料 葱段、精盐、味精、水淀粉、清汤、香油、猪油各适量。

准备工作 Preparations

❶ 猪臀尖肉去除筋膜，洗净，切成大薄片。

❷ 放入碗内，加入鸡蛋清、少许精盐、水淀粉拌匀上浆。

❸ 海蜇皮撕去紫红色筋皮，再用清水漂去碱味，洗净、沥水。

❹ 先切成宽条，再切成块，放入冷水中浸泡并洗净。

口味 脆嫩鲜香 ⏱ Time 25分钟

❺ 锅加清水烧热，放入海蜇皮快速焯烫一下，卷起即捞出，放入盘中。

❻ 清汤、味精、香油、葱段、适量精盐放入碗内调匀成味汁。

制作步骤 Operations

❶ 净锅置火上，加入猪油烧热，下入浆好的肉片拨散、滑熟，倒入漏勺沥油。

❷ 原锅留适量底油，复置旺火上烧至六成热，先下入肉片稍炒片刻。

❸ 再放入海蜇块炒匀，然后烹入味汁颠炒均匀，出锅装盘即成。

麻辣皮丝 口味 麻辣浓香 ⏱ Time 60分钟

原 料 猪肉皮400克，青椒、红椒各30克，大葱15克。

调 料 蒜末15克，精盐、味精各1/2小匙，花椒油、辣椒油各2大匙。

准备工作 Preparations

❶ 猪肉皮片去肥膘，去除杂质，放入冷水中浸泡并洗净，捞出沥水。

❷ 锅中加入清水烧沸，放入少许大葱、猪肉皮煮至熟透。

❸ 捞出用冷水过凉，切成丝，放入沸水锅中内焯烫一下，捞出沥水。

❹ 红椒、青椒去蒂、去子，洗净，擦净水分，切成细丝。

❺ 大葱去根和老叶，取葱白洗净，沥去水分，切成细丝。

制作步骤 Operations

❶ 净锅置火上，加入花椒油烧至六成热，先下入青椒丝、红椒丝炒出香味。

❷ 再放入蒜蓉、大葱丝和肉皮丝，用旺火快速翻炒片刻。

❸ 然后加入精盐和味精调好口味，淋上辣椒油，出锅装盘即成。

◤原 料 羊里脊300克，青椒50克，冬笋40克，鸡蛋清1个。

◤调 料 葱花10克，姜末、蒜末各5克，精盐、白糖各1小匙，味精1/2小匙，绍酒1/2大匙，酱油、香油各1大匙，辣酱、淀粉各3大匙，清汤适量，色拉油500克(约耗40克)。

◤原 料 猪腰400克，西芹30克，水发木耳20克，香菜少许。

◤调 料 姜片、蒜片各少许，精盐、胡椒粉、酱油、香油各1/3小匙，白糖、味精、鸡精各1/2小匙，淀粉、绍酒各1小匙，泡红椒1大匙，水淀粉适量，色拉油3大匙。

辣子羊里脊

火爆腰花

准备工作 Preparations

❶ 羊里脊洗净、沥水，切成1厘米见方的小丁。

❷ 放入碗中，加入鸡蛋清、淀粉、精盐、辣酱调拌均匀。

❸ 冬笋放清水锅内煮一下，捞出过凉、沥水，切成丁；青椒去蒂、去子，洗净，切马牙丁。

制作步骤 Operations

❶ 锅中加油烧热，放入里脊丁滑至熟透。

❷ 再放入冬笋丁、青椒丁翻炒片刻，捞出沥油。

❸ 锅置火上烧热，将冬笋丁和青椒丁放回锅内，烹入绍酒炒匀。

❹ 再加入羊肉丁、酱油、白糖、味精、葱花、姜末、蒜末炒至入味。

❺ 添入清汤烧沸，用水淀粉勾薄芡，淋入香油炒匀，出锅装盘即可。

准备工作 Preparations

❶ 猪腰剥去筋膜，剖成两半，去掉腰臊，洗净。

❷ 先斜剞深度为原料2/3的花纹，再横着花纹直刀剞3刀一断成凤尾形，放在碗内。

❸ 加入精盐、胡椒粉、绍酒、淀粉码味上浆。

❹ 西芹去筋、洗净，切成菱形块；水发木耳去蒂、洗净，撕成小朵。

❺ 泡红椒去蒂、去子，切成马耳朵形；香菜择洗干净，切成小段。

制作步骤 Operations

❶ 锅中加油烧至八成热，放入腰花快速翻炒一下，再放入姜片、蒜片、香菜段炒匀。

❷ 然后放入泡红椒、西芹、木耳炒香，加入酱油、白糖、鸡精、味精，用水淀粉勾芡收汁，淋入香油，出锅装盘即成。

滑蛋牛肉

口味 鲜香滑嫩

Time 20分钟

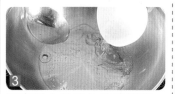

◉ **原 料** 牛里脊肉300克，鸡蛋3个。

◉ **调 料** 姜块10克，精盐、绍酒各1大匙，味精1/2小匙，淀粉1小匙，小苏打、嫩肉粉各适量，熟鸡油2小匙，色拉油500克。

◉ 准备工作 Preparations

1 姜块去皮，切碎末，放入碗中，加入少许清水调匀成姜汁。

2 鸡蛋磕入碗中（留少许鸡蛋清备用），用筷子抽打均匀。

3 牛里脊肉去除筋膜，洗净，擦净表面水分。

4 把牛里脊肉切成大小均匀地大片，放入碗内。

5 加入淀粉、小苏打、嫩肉粉、鸡蛋清拌匀，腌渍片刻。

◉ 制作步骤 Operations

1 锅中加入色拉油烧至五成热，放入牛肉滑散至熟。

2 捞出牛肉片沥油，放入盛有鸡蛋液的大碗里拌匀。

3 锅中加入少许色拉油烧热，倒入姜汁炝锅出香味。

4 再放入调好的鸡蛋牛肉片翻炒至熟。

5 加入绍酒、精盐、味精炒匀，淋入鸡油，即可出锅装盘。

火爆燎肉

◉ 原 料 猪臀尖肉400克，大葱40克。

◉ 调 料 葱白50克，蒜片、姜丝各少许，甜面酱3大匙，黄酒1大匙，酱油、香油、色拉油各适量。

◉ 准备工作 Preparations

❶ 猪臀尖肉去除筋膜和杂质，用清水洗净，沥净水分，切成大片。

❷ 放入碗中，先加入少许姜丝、蒜片拌匀。

❸ 再加入少许酱油、黄酒、香油、甜面酱调拌均匀，腌渍片刻。

❹ 大葱去根和老叶，用清水洗净，控净水分，切成细丝。

口味 鲜嫩香甜 ⏱ Time 15分钟

◉ 制作步骤 Operations

❶ 锅置旺火上，加入色拉油烧至十成热，至火苗沿锅边直窜并引燃锅内的油时。

❷ 迅速放入切好的猪肉片，并快速拨动、颠锅，使肉片在热油中半炒半燎。

❸ 边炒边加入葱丝、姜丝、蒜片炒出香味，再淋上黄酒炒匀。

❹ 然后加入酱油，淋上香油，出锅装盘，随带葱白、甜面酱佐食即可。

油泡腰花

 口味 滑嫩鲜香 ⏱ Time 15分钟

◉ 原 料 猪腰500克。

◉ 调 料 葱段、姜末各5克，精盐、生抽、绍酒各1小匙，味精1/2小匙，水淀粉1大匙，胡椒粉、香油、清汤各少许，色拉油5大匙。

◉ 准备工作 Preparations

❶ 猪腰撕去外层薄膜，顺长切成两半，去除中间白色腰臊。

❷ 在内侧剞上花刀成梳子形，放入清水中浸泡去除腥味，捞出沥水。

❸ 放在碗中，加入少许葱段、姜末、绍酒拌匀，腌制片刻。

❹ 清汤、精盐、生抽、味精、胡椒粉、水淀粉放入碗中调匀成芡汁。

◉ 制作步骤 Operations

❶ 净锅置火上，加入色拉油烧至八成热，放入腌好的腰花滑透，捞出沥油。

❷ 原锅留少许底油，复置旺火上烧热，先下入葱段、姜末炒香。

❸ 再烹入绍酒炒出香味，放入腰花快速翻炒均匀。

❹ 然后倒入芡汁翻炒片刻，淋入香油，即可出锅装盘。

金针牛肉

⊗ **原 料** 牛肋肉200克,金针菇25克。

⊗ **调 料** 葱丝5克,姜5片,精盐1/2小匙,绍酒4小匙,酱油2小匙,味精、香油、色拉油各少许。

◉ **准备工作** Preparations

❶ 金针菇切去根蒂,分成小朵,洗涤整理干净,沥去水分。

❷ 锅中加入清水烧沸,放入金针菇焯烫一下,捞入冷水中投凉,捞出沥干。

❸ 牛肋肉去除筋膜,用清水洗净,取出沥净水分。

❹ 放在案板上,先片成大片,再切成丝。

❺ 放入碗中,加入少许精盐、绍酒、酱油拌匀,腌渍5分钟。

◉ **制作步骤** Operations

❶ 净锅置火上,加入色拉油烧至六成热,下入葱丝和姜片煸炒出香味。

❷ 再放入牛肉丝用中小火翻炒至牛肉丝变色,转旺火炒干水分。

❸ 然后放入金针菇翻炒均匀,加入精盐、酱油、绍酒炒匀。

❹ 调入味精,淋入香油稍炒片刻,出锅装盘即可。

口味 鲜咸脆嫩 ⏱ Time 25分钟

它似蜜

口味 鲜香甜润 ⏱ Time 20分钟

⊗ **原 料** 羊里脊肉300克。

⊗ **调 料** 姜末、白糖、酱油、白醋、香油各少许,淀粉适量,色拉油1000克(约耗75克)。

◉ **准备工作** Preparations

❶ 羊里脊肉去除筋膜,放冷水中浸泡并漂洗干净,捞出沥水。

❷ 把羊里脊肉改刀切成3厘米长、1.5厘米宽、0.2厘米厚的薄片。

❸ 放在大碗内,加入1大匙酱油、适量水淀粉抓拌均匀,码味上浆。

❹ 碗中加入酱油、白醋、白糖、水淀粉调匀成芡汁。

◉ **制作步骤** Operations

❶ 净锅置火上,加入色拉油烧至五成热,下入羊肉片滑散、滑透,倒入漏勺沥油。

❷ 原锅留少许底油,复置火上烧至六成热,先下入姜末炝锅出香味。

❸ 再放入滑好的羊肉片快速翻炒片刻,烹入调好的芡汁。

❹ 用大火翻熘均匀,然后淋上香油,即可出锅装盘。

◉ 原 料 猪里脊肉200克，核桃仁100克，荸荠15克，蛋清2个。

◉ 调 料 红辣椒段、葱花、精盐、白糖、淀粉、酱油、米醋、色拉油各适量。

◉ 原 料 猪肝300克，菜心200克。

◉ 调 料 姜末5克，蒜蓉、味精、胡椒粉、上汤各少许，精盐1/2大匙，生抽2小匙，淀粉1/3小匙，绍酒、香油各1小匙，色拉油3大匙。

熘核桃肉

口味
咸鲜
香脆
Time
20分钟

口味
滑嫩
鲜咸
Time
15分钟

菜心炒猪肝

◉ **准备工作** Preparations

❶ 蛋清放入碗中，加入淀粉调匀成蛋清糊。

❷ 荸荠去掉外皮，用清水洗净，切成小片。

❸ 核桃仁用开水泡一下，去掉外皮，再放入油锅内炸上颜色，捞出沥油。

❹ 猪里脊肉洗净，切成大片，放在案板上，先抹上一层蛋清糊。

❺ 放上核桃仁，卷起成卷，再裹匀蛋清糊。

◉ **制作步骤** Operations

❶ 锅置火上，加入色拉油烧热，下入桃仁肉卷炸至呈金黄色时，捞出沥油。

❷ 锅留少许底油烧热，下入红辣椒、荸荠和葱花煸炒几下。

❸ 再加入酱油、米醋、精盐、白糖和少许清水烧沸。

❹ 然后放入炸好的桃仁肉卷翻炒均匀，出锅装盘即可。

◉ **准备工作** Preparations

❶ 猪肝去除白色筋膜，洗净、沥水，切成大片。

❷ 放在大碗内，加入少许精盐、绍酒、胡椒粉和淀粉拌匀上浆。

❸ 上汤、精盐、生抽、味精、胡椒粉、淀粉放入另一碗中调匀成芡汁。

◉ **制作步骤** Operations

❶ 菜心用清水洗净，沥去水分，放入热油锅中，加入少许精盐炒熟，盛出。

❷ 净锅置火上，加入色拉油烧至七成热，放入猪肝滑透，捞出沥油。

❸ 锅中留适量底油，复置火上烧至六成热，先下入蒜蓉、姜末炒香。

❹ 再放入猪肝片快速翻炒均匀，烹入绍酒炒出香味，放入菜心炒匀。

❺ 然后倒入芡汁快速翻炒均匀，淋入香油，即可出锅装盘。

1 干蕨菜用冷水浸泡至软，放在大碗里。

2 上屉用旺火蒸约10分钟，取出晾凉。

3 攥干水分，再切成4厘米长的小段。

蕨菜羊肉丝

口味 咸鲜清香   🕐 Time 40分钟

◉ **原 料** 羊腿肉500克，干蕨菜150克，鸡蛋1个。

◉ **调 料** 葱末、姜末各5克，精盐1/2小匙，味精、胡椒粉各少许，绍酒、水淀粉、酱油、香油各适量，鸡汤150克，色拉油500克。

4 羊腿肉剔去筋膜，洗净，顺切成细丝，放入碗中。

5 加入少许精盐、绍酒、胡椒粉、鸡蛋清、水淀粉码味上浆。

◉ **制作步骤** *Operations*

1 锅中加入色拉油烧至五成热，下入羊肉丝滑油至变色。

2 再放入蕨菜段冲一下，一起捞出沥油。

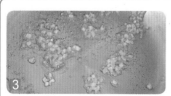

3 原锅留底油烧热，下入葱末、姜末爆出香味。

4 放入羊肉丝和蕨菜段，加入鸡汤、精盐、酱油、味精炒匀。

5 用水淀粉勾薄芡，出锅装盘即可。

仔姜羊肉丝

口味 鲜香微辣

Time 15分钟

📀 原 料 羊里脊肉300克，仔姜200克，蛋清1个。

📀 调 料 精盐、味精、胡椒粉、白糖、清汤各少许，淀粉1大匙，色拉油适量。

◎ 准备工作 Preparations

❶ 羊里脊肉去除筋膜，放入淡盐水中浸泡片刻并洗去血污，取出。

❷ 擦净表面水分，切成5厘米长的细丝，放在大碗内。

❸ 加入少许精盐、味精拌匀，再放入蛋清、淀粉抓匀上浆。

❹ 仔姜削去外皮，放入清水中浸泡片刻，取出沥水，切成细丝。

◎ 制作步骤 Operations

❶ 净锅置火上，加入色拉油烧热，放入羊肉丝滑炒2分钟，捞出沥油。

❷ 锅中留少许底油，复置火上烧热，先下入姜丝用中火煸炒出香味。

❸ 再添入清汤，放入羊肉丝稍炒，加入精盐、味精、胡椒粉、白糖翻炒均匀。

❹ 用水淀粉勾薄芡，淋入少许熟色拉油，即可出锅装盘。

酸辣兔肉

口味 鲜香麻辣

Time 45分钟

📀 原 料 兔肉300克，青椒、鸡蛋各适量。

📀 调 料 葱段、姜片、花椒粒、精盐、味精、胡椒粉、酱油、香醋、绍酒、淀粉、鸡汤、色拉油各适量。

◎ 准备工作 Preparations

❶ 兔肉去除筋膜，用清水洗净，切成块，用刀背拍松。

❷ 放入冷水中浸泡30分钟，捞出冲净，沥干水分，放入碗中。

❸ 加入绍酒、鸡蛋液、淀粉和少许精盐调拌均匀，腌渍入味。

❹ 青椒去蒂及子，洗净、沥水，切成小丁。

◎ 制作步骤 Operations

❶ 坐锅点火，加入色拉油烧至五成热，放入兔肉块炸至表面有硬壳时，捞出。

❷ 待锅内油温升至九成热时，再放入兔肉块炸至酥香，捞出沥油。

❸ 锅留少许底油，复置火上烧热，先下入葱段、姜块、花椒粒炒香。

❹ 再放入兔肉块稍炒，加入酱油、精盐、香醋、味精、绍酒和鸡汤炒匀。

❺ 然后放入青椒丁、胡椒粉炒匀，淋上少许明油，出锅装盘即成。

梨片炒腰花

🥢 原 料 猪腰子4个, 鸭梨1个。

🥢 调 料 葱段、精盐、味精、绍酒、水淀粉、熟猪油各适量。

◎ 准备工作 Preparations

❶ 猪腰剥去外膜, 用清水洗净, 擦净表面水分, 片成两半。

❷ 用快刀片去白色的腰臊, 在表面剞上网形十字花纹, 再切成块。

❸ 放在容器内, 加上少许绍酒和精盐调拌均匀。

❹ 鸭梨去果皮及果核, 切成大片, 放入清水中浸泡。

口味
滑嫩
香甜

Time
20分钟

◎ 制作步骤 Operations

❶ 净锅置火上, 加入清水烧沸, 倒入猪腰块焯烫一下, 捞出沥水。

❷ 锅置火上, 放入熟猪油烧至六成热, 下入葱段略煸。

❸ 再放入猪腰花炒匀, 烹入绍酒, 放入梨片稍炒。

❹ 然后加入精盐、味精炒至熟嫩清香。

❺ 用水淀粉勾薄芡, 淋入适量熟猪油, 出锅装盘即成。

肉丁炒黄瓜

口味
鲜咸
清香

Time
15分钟

🥢 原 料 黄瓜200克, 里脊肉100克。

🥢 调 料 葱段、姜片各10克, 精盐1/2小匙, 绍酒、淀粉、酱油各1大匙, 水淀粉适量, 香油1小匙, 色拉油300克(约耗30克)。

◎ 准备工作 Preparations

❶ 黄瓜用清水洗净, 沥净水分, 切成小丁。

❷ 放入碗中, 加入少许精盐腌拌一下。

❸ 里脊肉去掉筋膜, 洗净, 擦净表面水分。

❹ 先切成小条, 再切成大小均匀的丁。

❺ 放入另一碗里, 加入少许酱油、淀粉、绍酒拌匀, 腌渍入味。

◎ 制作步骤 Operations

❶ 坐锅点火, 加入色拉油烧至三成热, 放入肉丁滑散, 捞出沥油。

❷ 锅中加入少许底油烧热, 先下入葱段、姜片炒出香味。

❸ 再放入里脊丁, 烹入绍酒翻炒均匀, 然后放入黄瓜丁煸炒片刻。

❹ 加入剩余的酱油、精盐炒至入味, 用水淀粉勾芡, 淋上香油, 即可出锅装盘。

☺ 原 料 牛外脊肉500克，青笋1根，鸡蛋1个。

☺ 调 料 葱花、姜片、蒜片、精盐、味精、胡椒粉、玉米淀粉、绍酒、生抽各少许，食用碱100克，色拉油750克。

青笋炒牛肉

口味 嫩滑清香　Time 25分钟

☺ 原 料 羊后腿肉400克，洋葱100克。

☺ 调 料 葱花、蒜片各少许，精盐、味精各1/3小匙，绍酒、酱油各2大匙，白醋、白糖各1小匙，香油1/2大匙，水淀粉适量，色拉油750克。

口味 浓香鲜咸　Time 15分钟

洋葱爆羊肉

● 准备工作 Preparations

❶ 青笋去根，削去外皮，洗净，切成大片。

❷ 牛外脊肉去除筋膜，洗净，顶刀切成厚片，用食用碱拌匀，腌渍5分钟。

❸ 再用清水冲洗干净，捞出沥去水分。

❹ 鸡蛋磕入碗中，加入胡椒粉、生抽、味精、玉米淀粉搅拌均匀。

❺ 再放入牛肉片充分搅拌均匀，码味上浆。

● 制作步骤 Operations

❶ 锅中加入色拉油烧至五成热，放入牛肉片滑油至断生，捞出沥油。

❷ 锅留少许底油，复置火上烧热，先下入葱花、姜片和蒜片炒香。

❸ 再放入青笋片翻炒至刚熟，加入滑熟的牛肉片炒匀，烹入绍酒。

❹ 然后加入精盐、生抽调好口味，加入味精和胡椒粉炒匀，出锅装盘即成。

● 准备工作 Preparations

❶ 羊后腿肉剔去筋膜，洗净，沥净水分。

❷ 切成薄片，放在碗内，加入少许精盐调匀。

❸ 再加入适量绍酒、酱油、白糖和水淀粉拌匀，码味上浆。

❹ 洋葱去根，去老皮，洗净，切成小块。

❺ 碗中加入酱油、白醋、白糖、精盐、味精、水淀粉调匀成芡汁。

● 制作步骤 Operations

❶ 净锅置火上，加入色拉油烧至七成热，放入羊肉片滑散、滑透，倒入漏勺沥油。

❷ 坐锅点火，加入适量底油烧热，先下入洋葱块煸炒至软并出香味。

❸ 再烹入绍酒炒匀，放入葱花、蒜片、羊肉片，用旺火翻炒均匀。

❹ 然后倒入调好的芡汁，用大火翻爆均匀，淋上香油，即可出锅装盘。

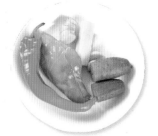

🍂 原 料 兔肉350克, 酸黄瓜50克, 鲜红尖椒30克。

🍂 调 料 姜末50克, 葱花、蒜末各15克, 精盐、酱油、绍酒、香油各1小匙, 味精、白糖各少许, 香醋、甜酒汁各2小匙, 鲜汤3大匙, 色拉油75克。

◎ 准备工作 Preparations

1 酸黄瓜用清水洗净, 沥净水分, 切去根。

小炒兔丁

口味 咸鲜爽脆　⏱ Time 20分钟

2 把酸黄瓜先切成长条, 再切成小丁。

3 鲜红椒洗净, 去蒂及子, 切成小块。

4 甜酒汁、白糖、酱油、香醋、鲜汤放入碗中调匀成味汁。

◎ 制作步骤 Operations

1 兔肉洗净, 在表面剞上十字花刀, 再切成1厘米大小的丁。

2 放入大碗中, 加入少许精盐和绍酒拌匀入味。

3 锅中加油烧至六成热, 下入兔肉丁略炒片刻, 滗去余油。

4 再放入酸黄瓜、红椒、蒜末、姜末炒香。

5 烹入调好的味汁翻炒均匀, 用旺火收浓汤汁。

6 加入味精, 淋入香油炒匀, 出锅装盘, 撒上葱花即可。

油泡肚花

🐟 **原 料** 猪肚750克，胡萝卜75克。

🐟 **调 料** 葱段、姜末各8克，蒜蓉3克，味精1小匙，淀粉2大匙，米醋1大匙，绍酒、水淀粉各1/2大匙，上汤4大匙，色拉油750克(约耗90克)。

◎ **准备工作** *Preparations*

❶ 猪肚去掉白色油脂，放在容器内，加入米醋和淀粉揉搓均匀。

❷ 再换清水反复漂洗干净，捞出沥水，切成小块。

❸ 净锅置火上，加入清水烧沸，放入猪肚块煮熟，捞出沥干。

❹ 胡萝卜去根，削去外皮，洗净，切成片，入锅焯水，捞出过凉、沥水。

口味 软嫩咸香 **Time** 30分钟

◎ **制作步骤** *Operations*

❶ 坐锅点火，加入色拉油烧至九成热，放入猪肚块冲炸一下，捞出沥油。

❷ 原锅留少许底油，复置旺火上烧热，先下入葱段、蒜蓉和姜末炒香。

❸ 再放入猪肚块和胡萝卜片快速翻炒均匀出香味。

❹ 然后加入绍酒、味精、上汤调匀，用水淀粉勾芡，出锅装盘即可。

青椒炒猪心

口味 鲜嫩咸香 **Time** 20分钟

🐟 **原 料** 猪心1个，青椒150克，水发木耳25克。

🐟 **调 料** 葱末、姜末各10克，精盐、味精各1/2小匙，绍酒、水淀粉各4小匙，清汤2大匙，色拉油800克。

◎ **准备工作** *Preparations*

❶ 水发木耳去蒂，洗净、沥水，撕成小朵。

❷ 青椒去蒂及子，洗净、沥水，切成象眼片。

❸ 猪心去掉白色油脂和杂质，切成两半，放入清水中漂洗干净。

❹ 擦净表面水分，切成抹刀大片，放在大碗内。

❺ 先加入少许绍酒、精盐腌渍入味，再加入水淀粉拌匀上浆。

◎ **制作步骤** *Operations*

❶ 锅中加入色拉油烧至四成热，下入猪心片滑散至熟，倒入漏勺沥油。

❷ 原锅留少许底油，复置火上烧热，先下入葱末、姜末爆炒出香味。

❸ 再放入猪心片炒匀，加入木耳块和青椒片快速翻炒至刚熟。

❹ 加入精盐、绍酒、清汤和味精炒匀，用水淀粉勾芡，出锅装盘即成。

泡椒炒羊肝

原 料 羊肝300克,红泡椒5个,蒜苗10克。

调 料 姜块、精盐、味精、胡椒粉、花椒粉、米醋、黄酒、水淀粉、香油、色拉油各适量。

◉ 准备工作 Preparations

❶ 鲜羊肝剔去白色筋膜,用清水漂洗以去掉血污,取出沥水。

❷ 切成大片,放在碗内,先加入少许精盐调拌均匀。

❸ 再加入黄酒、花椒粉调匀,最后加入少许水淀粉拌匀上浆。

❹ 红泡椒去蒂,切成碎粒;蒜苗去根、洗净,切成末。

口味 香辣鲜咸 **Time 20分钟**

❺ 姜块去皮,用清水洗净,擦净表面水分,切成末。

◉ 制作步骤 Operations

❶ 锅置火上,加入适量清水、黄酒烧沸,放入羊肝片略烫,捞出用漏勺沥干。

❷ 锅复置大火上,加入适量色拉油烧热,先下入姜末、红泡椒稍炒。

❸ 再放入羊肝片用旺火快速翻炒片刻出香辣味,撒入蒜苗末炒匀。

❹ 加入精盐、味精、胡椒粉炒透,用水淀粉勾芡,淋入香油,出锅装盘即可。

羊肝炒菠菜

口味 嫩滑鲜香 **Time 25分钟**

原 料 羊肝200克,菠菜100克,鸡蛋清1个。

调 料 葱花、姜丝各5克,精盐、味精各1/2小匙,白糖1/3小匙,酱油、淀粉、绍酒各1大匙,色拉油350克(约耗40克)。

◉ 准备工作 Preparations

❶ 羊肝剔去筋膜,洗净,沥净水分,切成大薄片,放在碗内。

❷ 加入少许精盐、淀粉、绍酒拌匀,腌渍5分钟至入味。

❸ 菠菜去根和老叶,用清水洗净,沥去水分,切成小段。

◉ 制作步骤 Operations

❶ 净锅置火上,加入清水烧沸,放入菠菜段焯烫一下,捞出冲凉,沥干水分。

❷ 锅置旺火上,加入色拉油烧至四成热,放入羊肝片滑至八分熟,捞出沥油。

❸ 坐锅点火,加入少许底油烧热,先下入葱花、姜丝炒香。

❹ 再放入菠菜段和羊肝片快速翻炒片刻,烹入绍酒炒匀。

❺ 然后加入酱油、白糖、精盐、味精快速翻炒至均匀入味,出锅装盘即可。

原 料 牛里脊肉250克，冬笋100克。

调 料 葱白丝、姜丝、精盐、味精、白糖、胡椒粉、淀粉、酱油、绍酒、水淀粉、清汤、香油、色拉油各适量。

原 料 猪里脊肉、菱角各200克，蛋清1个。

调 料 葱段少许，精盐、味精各1/4小匙，酱油2大匙，水淀粉3大匙，肉汤100克，熟猪油适量。

小炒牛肉

口味 滑嫩清香　Time 20分钟

口味 脆嫩鲜咸　Time 20分钟

水菱炒里脊

准备工作 Preparations

❶ 牛里脊肉剔去筋膜，洗净，沥净水分。

❷ 先片成大片，再切成长5厘米的丝。

❸ 放在碗内，加入少许精盐、绍酒和酱油调拌均匀，腌渍5分钟。

❹ 冬笋去根、去皮，洗净、沥水，切成丝，放入沸水锅中焯烫一下，捞出沥水。

制作步骤 Operations

❶ 锅中加入色拉油烧热，下入牛肉丝炸1分钟，倒入漏勺沥油。

❷ 锅留少许底油，复置火上烧至六成热，下入葱白丝、姜丝煸炒。

❸ 再放入冬笋丝、牛肉丝快速炒匀，烹入绍酒。

❹ 然后加入酱油、绍酒、白糖、清汤煸炒，调入味精。

❺ 撒上胡椒粉，淋入香油，用水淀粉勾薄芡，出锅装盘即可。

准备工作 Preparations

❶ 菱角刷洗干净，入锅煮约5分钟至熟，捞入冷水中过凉，去壳取肉，洗净，切成厚片。

❷ 猪里脊肉去除筋膜，洗净、沥水，切成大片。

❸ 放在容器内，加入鸡蛋清、少许精盐、水淀粉拌匀上浆。

制作步骤 Operations

❶ 净锅置火上，加入熟猪油烧热，放入猪肉片滑至上浮、变色时，捞出沥油。

❷ 锅留少许底油，复置旺火上烧至六成热，下入葱段煸炒出香味。

❸ 捞出葱段不用，再放入菱角片煸炒片刻，加入精盐、酱油炒匀。

❹ 然后添入肉汤烧沸，撇去浮沫和杂质，加入味精稍炒。

❺ 用水淀粉勾薄芡，最后放入猪里脊片炒匀，出锅装盘即可。

木樨肉

口味 咸鲜 香嫩

Time 15分钟

🍴 原 料 猪五花肉100克，冬笋50克，青蒜苗25克，木耳5克，鸡蛋2个。

🍴 调 料 葱丝、姜丝各10克，精盐、味精各少许，酱油、甜面酱各2大匙，绍酒、花椒油各2小匙，色拉油适量。

④ 冬笋切成细丝，放沸水锅内焯烫一下，捞出过凉、沥水。

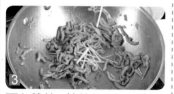
⑤ 青蒜苗择洗干净，切段；鸡蛋磕入碗中，加少许精盐搅匀。

准备工作 Preparations

① 猪五花肉剔去筋膜，洗净、沥水，切成5厘米长的细丝。

② 放入碗中，加入少许精盐、酱油、色拉油拌匀，腌渍入味。

③ 木耳用清水浸泡至软，去掉根蒂，洗净，切成粗丝。

制作步骤 Operations

① 锅中加入2大匙色拉油烧至九成热，放入鸡蛋炒熟、盛出。

② 锅加少许色拉油烧热，放入猪肉丝煸炒至变色且熟。

③ 下入葱丝、姜丝炒香，放甜面酱炒散，再加入酱油、绍酒。

④ 放入木耳丝、冬笋丝、鸡蛋和适量清水，用旺火炒匀。

⑤ 加入味精，撒入蒜苗炒匀，淋上热花椒油，出锅装盘即成。

青韭爆羊肝

口味 鲜咸香嫩　Time 25分钟

🍃 **原 料** 羊肝200克,韭菜150克。

🍃 **调 料** 大葱15克,姜1小块,精盐、香油各1小匙,绍酒、水淀粉各1大匙,色拉油适量。

● 准备工作 Preparations

❶ 大葱去根和老叶,洗净,沥去水分,分成两份,一份切成丝。

❷ 另一份大葱和洗净的姜块一起放在案板上剁成碎末,放入碗内。

❸ 加入少许精盐、绍酒和清水调匀成汁,用洁布过滤去杂质成葱姜汁。

❹ 羊肝剔去白色筋膜,放入容器内,加入少许淡盐水漂洗干净,捞出沥水。

❺ 切成大片,加入葱丝、少许葱姜汁、绍酒、水淀粉腌渍入味。

❻ 韭菜择洗干净,切成4厘米长的段。

● 制作步骤 Operations

❶ 锅置旺火上,加入色拉油烧至八成热,先下入羊肝片炒至六分熟。

❷ 再加入绍酒、葱姜汁快速翻炒至羊肝片刚熟,加入精盐调好口味。

❸ 然后放入韭菜段炒匀,出锅装盘即可。

葱爆羊肉片

口味 鲜嫩葱香　Time 20分钟

🍃 **原 料** 羊后腿肉750克,大葱150克。

🍃 **调 料** 精盐1小匙,酱油、绍酒各1大匙,白糖、味精、胡椒粉、香油各少许,熟猪油适量。

● 准备工作 Preparations

❶ 羊腿肉剔去筋膜,洗净、沥水,切成大薄片。

❷ 放在大碗内,先加入少许精盐调匀。

❸ 再加入适量绍酒、酱油、精盐、味精、胡椒粉、白糖和香油拌匀腌渍。

❹ 大葱去根和老叶,用清水洗净,斜切成厚片。

❺ 剩余的精盐、酱油、味精、胡椒粉放入小碗内调匀成味汁。

● 制作步骤 Operations

❶ 净锅置火上,放入熟猪油烧至六成热,先下入大葱段煸炒至呈浅黄色时,取出。

❷ 原锅复置旺火上烧热,下入羊肉片炒散,再放入葱段炒至肉片断生。

❸ 然后烹入调好的味汁爆炒片刻,淋上香油炒匀,出锅装盘即成。

桂花羊肉

🔹 **原 料** 羊里脊肉200克，鸡蛋3个。

🔹 **调 料** 大葱10克，姜块5克，花椒3克，精盐1/2小匙，味精1/3小匙，胡椒粉、香油、色拉油各适量。

◎ **准备工作** Preparations

❶ 花椒剁碎，放在小碗内，加入少许清水调拌均匀成花椒水。

❷ 羊里脊肉剔去筋膜，用清水洗净，放入容器内，加入花椒水揉搓拌匀。

❸ 取出控净水分，切成5厘米长的细丝。

❹ 净锅置火上，加入清水烧沸，放入羊肉丝焯烫一下，捞出沥水。

口味 软嫩清香

Time 20分钟

❺ 鸡蛋磕入碗中，加入精盐、味精、胡椒粉和羊里脊肉丝拌匀。

❻ 大葱去根和老叶，洗净，切成碎粒；姜块去皮、洗净，切成末。

◎ **制作步骤** Operations

❶ 锅置火上烧热，加入少许色拉油烧至六成热，下入葱粒和姜末稍炒。

❷ 再倒入调好的蛋液羊肉丝，继续煸炒至鸡蛋液凝固且刚熟。

❸ 然后淋上少许烧热的香油炒匀，出锅装盘即可。

白果炒羊肉

 口味 滑嫩鲜咸

Time 45分钟

🔹 **原 料** 羊里脊肉250克，白果100克，鸡蛋清1个。

🔹 **调 料** 葱段100克，精盐、味精、胡椒粉、绍酒、水淀粉、花椒油、香油、色拉油各适量。

◎ **准备工作** Preparations

❶ 羊里脊肉去掉筋膜，用清水洗净，捞出沥水，切成5厘米长、1厘米宽的长条。

❷ 放在大碗内，加入少许精盐拌匀，再加入鸡蛋清、水淀粉拌匀上浆，腌渍30分钟。

❸ 白果敲碎外壳，放入温水中浸泡片刻，捞出去外膜、胚芽，用冷水泡透，捞出沥水。

❹ 锅置火上，加入清水烧沸，放入白果焯烫一下，捞出控水。

◎ **制作步骤** Operations

❶ 净锅置火上，加入色拉油烧至六成热，先下入葱段炒出香味。

❷ 再放入羊肉条用旺火爆炒至九分熟，烹入绍酒炒出香味。

❸ 然后加入精盐、胡椒粉、味精炒入味，用水淀粉勾芡。

❹ 放入白果炒匀，淋入花椒油，出锅装盘即可。

◉ 原 料 牛腿肉400克，豆豉10克，鸡蛋清1个，小苏打、香菜各适量。

◉ 调 料 姜芽、大蒜头、葱段、精盐、味精、白糖、淀粉、黄酒、清汤、水淀粉、花生油各适量。

豆豉牛肉

口味 豉香鲜嫩　　Time 30分钟

◉ 原 料 嫩芹菜400克，猪瘦肉100克。

◉ 调 料 葱丝5克，姜丝3克，精盐、味精各少许，绍酒1小匙，酱油2小匙，甜面酱1大匙，色拉油2大匙。

口味 鲜咸嫩香　　Time 15分钟

芹菜炒肉丝

◉ 准备工作 Preparations

❶ 牛腿肉剔膜，洗净后擦净水分，切成薄片。

❷ 放在碗内，加入少许精盐调拌均匀。

❸ 鸡蛋清、淀粉调匀成蛋糊，倒入牛肉片内拌匀上浆。

❹ 香菜择洗干净，控净水分，切成小段。

❺ 姜芽洗净，切成薄片；豆豉、大蒜头分别斩成细末。

◉ 制作步骤 Operations

❶ 净锅置火上，加入花生油烧至六成热，放入牛肉片、姜芽片滑熟，捞出。

❷ 原锅留少许底油，复置火上烧热，先下入大蒜末、豆豉末煸炒出香味。

❸ 再放入葱段、香菜段，加入黄酒、清汤、精盐、白糖、味精炒沸。

❹ 用水淀粉勾薄芡，放入牛肉片、姜芽片翻炒均匀，出锅装盘即可。

◉ 准备工作 Preparations

❶ 嫩芹菜去根和叶，用清水洗净，沥净水分。

❷ 把芹菜茎先切成小段，再切成丝。

❸ 猪瘦肉去掉筋膜，用清水洗净，擦净表面水分。

❹ 先片成薄片，再切成细丝，放在碗里，

❺ 加入少许精盐和绍酒调拌均匀。

◉ 制作步骤 Operations

❶ 锅置旺火上，加入色拉油烧至五成热，放入肉丝煸炒至肉色变白。

❷ 再放入葱丝、姜丝、甜面酱煸炒出香味。

❸ 然后加入酱油、绍酒、精盐调味，放入芹菜丝。

❹ 用旺火炒至芹菜丝断生，调入味精并炒匀，出锅装盘即可。

熘腰花

口味
鲜咸
软嫩

Time
25分钟

1 黄瓜去蒂、去根，洗净，顺长剖成两半，再切成菱形片。

2 碗中加入酱油、白糖、白醋、精盐、味精、水淀粉调成荚汁。

5 放入碗中，加入少许精盐、鸡蛋清和少许淀粉拌匀上浆。

3 猪腰子剥去膜，洗净，剖成两半，除掉脂皮，片去腰臊。

4 皮朝下放在案板上，先剞上斜十字花刀，再切成块。

◉ **原 料** 猪腰子1对，黄瓜50克，鸡蛋清1个。

◉ **调 料** 葱花、蒜片、姜末各少许，精盐、味精各1/2小匙，绍酒、酱油各1大匙，白醋、白糖各1小匙，花椒油1/2大匙，淀粉适量，色拉油500克(约耗50克)。

◎ 制作步骤 *Operations*

1 锅中加入色拉油烧至八成热，下入腰花滑散、滑透，捞出。

2 锅留少许底油烧热，下入葱花、姜末和蒜片炝锅。

3 烹入绍酒，放入黄瓜片快速翻炒一下，再倒入味汁炒匀。

4 放入猪腰花炒至入味，淋上花椒油，即可出锅装盘。

苦瓜炒肉丝

口味 鲜咸微苦

Time 20分钟

◎ **原 料** 鲜苦瓜300克, 里脊肉100克, 青椒、红椒各1个。

◎ **调 料** 姜1小块, 精盐、味精、白糖、白醋、生抽、水淀粉、色拉油各适量。

◎ **准备工作** Preparations

❶ 姜块去皮, 用清水洗净, 切成丝。

❷ 青椒、红椒洗净、去子, 切成丝。

❸ 里脊肉剔除筋膜, 洗净, 先片成薄片, 再切成细丝。

❹ 放在碗里, 加入水淀粉、生抽、白糖、精盐、味精拌匀。

❺ 苦瓜洗净, 片成两半, 挖去瓜瓤, 切成丝, 用沸水焯烫一下, 捞出冲净、沥水。

◎ **制作步骤** Operations

❶ 锅置火上, 加入色拉油烧至八成热, 先下入姜丝爆香。

❷ 再放入猪肉丝炒至变色, 盛出沥油。

❸ 锅留少许底油烧热, 先下入青椒丝、红椒丝和猪肉丝爆香。

❹ 再放入苦瓜丝炒匀, 加入精盐、味精、白糖、白醋、生抽调好口味, 装盘即可。

酱爆牛肉

口味 酱香浓郁

Time 30分钟

◎ **原 料** 牛外脊肉500克, 青椒、红椒各25克, 鸡蛋1个, 食用碱少许。

◎ **调 料** 葱花、姜片、蒜片、精盐、味精、胡椒粉、玉米淀粉、绍酒、生抽各少许, 豆瓣酱2大匙, 色拉油750克。

◎ **准备工作** Preparations

❶ 青椒、红椒分别去蒂和子, 洗净, 沥去水分, 切成大小均匀的菱形片。

❷ 牛外脊肉去除筋膜, 洗净, 顶刀切成厚片, 用食用碱腌渍5分钟。

❸ 用清水冲洗干净, 沥去水分, 放在盘内。

❹ 蛋清、胡椒粉、生抽、味精、玉米淀粉放入碗中拌匀, 再放入牛肉片抓匀上浆。

◎ **制作步骤** Operations

❶ 坐锅点火, 加入色拉油烧至四成热, 下入牛肉片滑炒2分钟, 捞出沥油。

❷ 锅留少许底油烧热, 先下入葱花、姜片、蒜片、豆瓣酱煸香。

❸ 烹入绍酒, 再放入牛肉片翻炒1分钟, 加入青椒片、红椒片翻炒均匀。

❹ 然后加入精盐、味精调味, 用水淀粉勾薄芡, 淋入少许熟油, 即可出锅装盘。

青椒炒牛肉

原 料 牛后腿肉300克，青椒250克，小苏打3克，鸡蛋半个。

调 料 葱末、姜末、蒜末各5克，精盐、酱油各1小匙，白糖、味精各1/3小匙，豆豉5小匙，胡椒粉、香油各少许，淀粉1大匙，清汤2大匙，色拉油3大匙。

准备工作 Preparations

❶ 豆豉用温水洗净，放在案板上剁成碎粒。

❷ 青椒去蒂、去子，洗净、沥水，切成菱形片。

❸ 牛后腿肉洗净，切成薄片，先加入淀粉拌匀上浆，再加入小苏打、少许酱油、鸡蛋和色拉油拌匀。

口味 滑嫩鲜香　Time 20分钟

制作步骤 Operations

❶ 锅中加入色拉油烧热，放入牛肉滑至六分熟。

❷ 再放入切好的青椒块略炒，一起捞出沥油。

❸ 锅中留底油烧热，先下入豆豉、葱末、姜末、蒜末炒出香味。

❹ 再加入酱油、胡椒粉、味精、白糖、清汤烧沸。

❺ 然后放入滑好的牛肉片和青椒块炒匀，淋入香油，出锅装盘即可。

爆牛肚领

口味 脆嫩咸鲜　Time 30分钟

原 料 牛肚领300克，净冬笋50克。

调 料 蒜瓣25克，精盐、味精、白糖、米醋、淀粉各少许，水淀粉1小匙，绍酒2小匙，熟鸭油2大匙，鸡清汤4大匙，色拉油500克（约耗30克）。

准备工作 Preparations

❶ 蒜瓣去皮，用清水洗净，用刀背拍松。

❷ 净冬笋切去根，削去外皮，用清水洗净。

❸ 放入清水锅内煮15分钟，捞出过凉，切成片。

❹ 牛肚领放入清水盆内，加入米醋和淀粉揉搓均匀，再换水洗净。

❺ 取出沥净水分，切成薄片，放入汤锅内煮熟，捞出沥净。

制作步骤 Operations

❶ 炒锅置旺火上，加入色拉油烧热，下入牛肚片冲炸一下，倒入漏勺沥油。

❷ 锅中加入色拉油烧热，先下入蒜瓣炸出香味。

❸ 再加入鸡清汤、精盐、白糖和绍酒烧沸。

❹ 然后放入牛肚片和笋片炒匀，加入味精，用水淀粉勾芡，淋入熟鸭油，出锅装盘即可。

◉ 原 料 兔肉400克,鸡蛋清1个。

◉ 调 料 大葱、姜块、精盐、味精、绍酒、酱油、水淀粉、清汤、花椒水、香油、熟菜油各适量,黄酱3大匙。

酱爆兔丁

口味
鲜咸
酱香

Time
20分钟

◉ 原 料 黄豆芽500克,狗肉150克,干辣椒15克。

◉ 调 料 葱花20克,姜末、蒜末各15克,精盐1小匙,味精、白糖、米醋各少许,花椒水1大匙,水淀粉、绍酒各2大匙,香油2小匙,鲜汤200克,熟猪油5大匙。

口味
软嫩
香辣

Time
25分钟

狗肉丁炒黄豆芽

◉ **准备工作** *Preparations*

❶ 黄酱放在小碗里,加上少许清水调匀成黄酱汁。

❷ 大葱、姜块分别洗净,均切成碎末。

❸ 兔肉放入花椒水中浸泡,洗净,沥净水分,切成1厘米大小的丁。

❹ 放在碗里,加入少许精盐、绍酒、鸡蛋清和水淀粉拌匀上浆。

◉ **制作步骤** *Operations*

❶ 锅中加入熟菜油烧至四成热,放入兔肉丁滑散至熟,捞出沥油。

❷ 锅留底油烧热,下入葱末和姜末炝锅。

❸ 再倒入调好的黄酱汁用小火炒至浓稠。

❹ 然后加入酱油、味精和清汤烧沸,用水淀粉勾芡。

❺ 最后放入滑熟的兔肉丁翻炒均匀,淋入香油,出锅装盘即成。

◉ **准备工作** *Preparations*

❶ 干辣椒切小段;黄豆芽用清水漂洗干净。

❷ 锅加清水烧沸,放入黄豆芽焯烫,捞出沥干。

❸ 狗肉放入清水中浸泡以去除血水,捞出沥水,在表面剞上浅十字花刀,再切成1厘米见方的丁。

❹ 放入沸水锅内焯烫一下,捞出沥干。

◉ **制作步骤** *Operations*

❶ 锅中放入熟猪油烧热,下入葱花、姜末、蒜末炒出香味。

❷ 放入狗肉丁煸炒,烹入绍酒、花椒水炒匀。

❸ 再放入黄豆芽辣椒丁火翻炒均匀。

❹ 加入米醋、白糖、鲜汤、精盐调好口味。

❺ 撒上味精炒匀,用水淀粉勾芡,淋入香油,出锅装盘即可。

1 青椒、红椒去蒂和子,洗净,沥去水分,切成菱形小块。

2 碗中加入少许精盐、酱油、白糖、味精、水淀粉调成芡汁。

3 猪腰片成两半,片去腰臊,洗净,剞斜十字花刀,再切小块。

熘三样

口味 咸鲜嫩滑

⏰ Time 15分钟

4 猪肝、猪里脊肉分别剔去筋膜,洗净、沥水,均切成薄片。

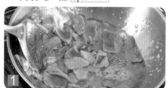

5 猪腰块、猪肝片、猪肉片放入碗中,加入少许精盐、绍酒拌匀。

6 再加入味精、鸡蛋液调拌均匀,放入水淀粉浆拌均匀。

 原 料 猪肝、猪里脊肉各150克,猪腰、鸡蛋各1个,青椒、红椒各25克。

调 料 葱段、蒜片、姜末、精盐、味精、白糖、酱油、白醋、绍酒各少许,水淀粉适量,色拉油750克(约耗50克)。

◎ **制作步骤** *Operations*

1 锅中加油烧至六成热,放入三样滑散至熟,倒入漏勺沥油。

2 锅加少许底油烧至八成热,下入葱段、姜末、蒜片炝锅。

3 放入青、红椒块,烹入白醋、绍酒,倒入调好的芡汁炒匀。

4 放入三样用旺火快速炒匀,淋上明油,即可出锅装盘。

芦笋炒酱猪耳

原 料 酱猪耳250克，芦笋200克，大葱25克。

调 料 精盐、味精、水淀粉、清汤、香油、色拉油各适量。

准备工作 Preparations

1. 酱猪耳的耳根部分片成片，再切成小条，其余部分切成宽条。
2. 芦笋去根，刮去老皮，洗净，捞出沥水。
3. 锅置火上，加入清水烧沸，放入芦笋焯烫一下，捞出用冷水过凉。
4. 取出芦笋沥去水分，切成小条；大葱洗净，切成末。

口味 脆嫩鲜香　Time 15分钟

制作步骤 Operations

1. 净锅置火上，加入色拉油烧至六成热，下入猪耳条冲一下，捞出。
2. 待锅内油温升高后，再放入芦笋条冲炸一下，捞出沥油。
3. 锅置火上，加入少许色拉油烧至七成热，先下入葱末炝锅出香味。
4. 注入清汤，加入精盐、味精调味，再放入芦笋条与酱猪耳条。
5. 用旺火快速翻炒均匀，用水淀粉勾薄芡，淋入香油炒匀，出锅装盘即可。

肉酱花生米

口味 酱香微辣　Time 25分钟

原 料 猪五花肉、花生米各100克，红干椒、大葱、香菜各适量。

调 料 鸡粉、白糖、黄酱、绍酒、美极鲜酱油、色拉油各适量。

准备工作 Preparations

1. 花生米放入冷水盆内浸泡至软，捞出剥去外皮，沥干水分。
2. 猪五花肉剔去筋膜，用清水洗净，切成黄豆大小的碎粒。
3. 红干椒去蒂和子，洗净，切成末；大葱择洗干净，切成末。
4. 香菜择洗干净，切成2厘米长的小段。

制作步骤 Operations

1. 净锅置火上，加入色拉油烧至四成热，放入花生米冲炸一下，捞出沥油。
2. 原锅留少许底油，复置火上烧热，先下入葱末、红干椒炒出香辣味。
3. 再放入猪肉碎粒，用小火煸炒至变色，烹入绍酒，添入清汤炒匀。
4. 然后加入黄酱、白糖、鸡粉、美极鲜酱油炒至浓稠。
5. 放入炸好的花生米炒拌均匀，撒上香菜段，出锅装盘即可。

口味 清香软嫩
Time 15分钟

芽尖牛肉

原 料 牛腿肉300克，绿豆芽200克，青椒100克，鸡蛋清1个，小苏打粉适量。

调 料 精盐、白糖、绍酒、淀粉、水淀粉、清汤、色拉油各适量。

准备工作 Preparations

❶ 牛腿肉去筋膜和杂质，放入清水中浸泡出血水，捞出沥净水分。

❷ 先片成薄片，再切成5厘米长的细丝，放在碗内，先加入少许精盐拌匀，再加入鸡蛋清、淀粉、小苏打拌匀上浆。

❸ 绿豆芽掐去两头成掐菜，用清水漂洗干净，捞出沥净水分。

❹ 青椒去蒂、去子，用清水洗净，控净水分，切成细丝。

制作步骤 Operations

❶ 锅中加入色拉油烧至六成热，放入牛肉丝滑熟，捞出沥油。

❷ 原锅留少许底油，复置旺火上烧热，先放入青椒丝、绿豆芽略煸。

❸ 烹入绍酒，再加入清汤、精盐、白糖调匀，用水淀粉勾薄芡。

❹ 然后放入滑熟的牛肉丝翻炒至均匀入味，出锅装盘即成。

冬笋炒牛肉

口味 滑嫩鲜咸
Time 20分钟

原 料 牛外脊肉250克，冬笋40克。

调 料 葱白15克，嫩姜8克，味精、胡椒粉各少许，酱油、绍酒各1大匙，淀粉1/2大匙，水淀粉、香油各1小匙，牛骨汤4小匙，花生油500克(约耗40克)。

准备工作 Preparations

❶ 牛外脊肉洗净，切成长3.3厘米、宽1.6厘米的薄片。

❷ 放在碗中，加淀粉、少许绍酒腌渍5分钟。

❸ 冬笋去根，削去外皮，洗净，切成同牛肉一样大的片。

❹ 葱白洗净，切马蹄片；嫩姜去皮，切细丝。

制作步骤 Operations

❶ 炒锅置旺火上，加入花生油烧至四成热，先下入嫩姜煸香。

❷ 再放入牛肉片炸约半分钟并用筷子拨散，倒入漏勺沥油。

❸ 锅中留少许底油，复置火上烧热，放入冬笋片、葱白片煸炒片刻。

❹ 再加入酱油和绍酒炒1分钟，然后添入骨汤，放入牛肉片颠炒几下。

❺ 加入味精，用水淀粉勾薄芡，出锅装入盘中，撒上胡椒粉，淋上香油即成。

禽蛋
豆制品

Qindandouzhipin 家常熘炒菜

核桃鸡条

口味
咸鲜
酥香

⏱ **Time** 35分钟

🥢 **原 料** 鸡胸肉200克,净核桃肉100克,香菜15克,鸡蛋清1个。

🥢 **调 料** 葱段、姜片各少许,精盐1/2小匙,味精1/3小匙,绍酒2小匙,水淀粉4小匙,色拉油500克(约耗75克)。

1 核桃肉用沸水浸泡至软,剥去外皮,沥净水分。

2 锅中加入色拉油烧至五成热,放入核桃肉炸酥,捞出沥油。

3 香菜去根和老叶,洗净,切成3厘米长的小段。

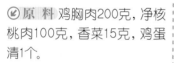

4 鸡胸肉洗净,先切成厚片,再切成小条。

5 放入碗中,加入适量精盐、鸡蛋清、水淀粉码味上浆。

◉ **制作步骤** *Operations*

1 锅中加油烧热,下入鸡肉条滑散至呈白色时,捞出沥油。

2 锅留底油,下入葱段和姜片煸出香味,捞出葱、姜不用。

3 再放入滑好的鸡肉条,用旺火爆炒均匀。

4 然后烹入绍酒,加入精盐、味精和适量清水烧沸。

5 用水淀粉勾芡,放入核桃肉炒匀,撒上香菜段,装盘即可。

鸽粒双脆

口味 鲜香脆嫩

Time 20分钟

原 料 鸽脯200克, 莴笋、冬笋、玉米粒各30克, 青豆20克, 胡萝卜10克, 鸡蛋清1个。

调 料 精盐、胡椒粉、白糖、鸡精各1/3小匙, 味精、淀粉各1/2小匙, 绍酒1小匙, 水淀粉适量, 色拉油4大匙。

准备工作 Preparations

❶ 鸽脯肉洗净, 用直刀在鸽脯表面剞划一遍, 再横着刀纹剞划一遍, 然后切成粒。

❷ 放入碗中, 加入精盐、鸡蛋清、绍酒、淀粉、味精码味上浆。

❸ 莴笋、冬笋、胡萝卜分别去皮、洗净, 均切成丁。

制作步骤 Operations

❶ 锅中加入清水、少许精盐和色拉油烧沸, 放入莴笋、冬笋、胡萝卜、青豆、玉米粒焯至莴笋丁断生, 捞出沥水。

❷ 锅中加油烧至五成热, 下入鸽脯粒滑熟。

❸ 再放入青豆、莴笋、冬笋、玉米粒、胡萝卜丁, 用旺火快速炒匀。

❹ 然后加入调料颠翻均匀, 用水淀粉勾芡收汁, 出锅装盘即成。

豉椒炒鹅肠

口味 香浓鲜辣

Time 20分钟

原 料 鹅肠2副, 红椒2个, 青椒1个。

调 料 葱段、蒜末、精盐、白糖、鸡精、香油、水淀粉、色拉油各适量, 豆豉1大匙, 绍酒、生抽各2小匙。

准备工作 Preparations

❶ 鹅肠放入淡盐水中, 加入少许淀粉搅匀并漂洗干净, 切成小段。

❷ 净锅置火上, 加入清水烧沸, 放入鹅肠后快速焯烫一下, 捞出沥干。

❸ 青椒、红椒去蒂和子, 洗净, 切成小块。

❹ 豆豉剁成碎粒, 放入热油锅内煸炒出香味, 出锅晾凉。

制作步骤 Operations

❶ 净锅置火上, 加入色拉油烧至六成热, 下入蒜末和葱段爆香。

❷ 放入青椒块、红椒块略炒, 再放入鹅肠段, 加入豆豉快速翻炒至将熟。

❸ 然后烹入绍酒, 加入生抽、精盐、白糖、鸡精调好口味。

❹ 淋上香油, 用水淀粉勾薄芡, 出锅装盘即可。

口味
咸鲜
清香

Time
15分钟

水炒鸡蛋

🥢**原 料** 鸡蛋4个，猪五花肉100克，韭菜50克，木耳10克。

🥢**调 料** 葱花30克，姜末10克，精盐、味精、胡椒粉各适量，香油1大匙，色拉油2大匙，高汤100克。

◎ **准备工作** *Preparations*

❶ 木耳用清水浸泡至软，捞出去蒂、洗净，切成细丝。

❷ 猪五花肉剔去筋膜，用清水洗净，切成丝。

❸ 锅中加入清水烧沸，放入猪肉丝略焯一下至变色，捞出沥干。

❹ 韭菜去根和老叶，用清水洗净，控净水分，切成小段。

❺ 鸡蛋磕入大碗内，加入木耳丝、肉丝、精盐、味精、胡椒粉搅打均匀。

◎ **制作步骤** *Operations*

❶ 净锅置火上，加入色拉油烧至六成热，先下入葱花、姜末炒香。

❷ 加入高汤烧沸，再倒入搅拌好的鸡蛋液，转小火翻炒至熟。

❸ 然后撒入韭菜段轻轻翻炒均匀，淋入香油，出锅装盘即成。

银芽炒鸽丝

口味
爽滑
鲜香

Time
20分钟

🥢**原 料** 绿豆芽150克，鸽脯肉100克，鸡蛋清适量。

🥢**调 料** 葱丝、姜丝、精盐、味精、胡椒粉、白糖、绍酒、水淀粉、高汤、色拉油各适量。

◎ **准备工作** *Preparations*

❶ 鸽脯肉放入淡盐水中浸泡并收拾干净，捞出擦净表面水分。

❷ 先片成大薄片，再切成5厘米长的细丝。

❸ 放在碗内，加入绍酒、精盐、味精、胡椒粉拌匀，再加入鸡蛋清、水淀粉搅匀。

❹ 绿豆芽掐去根，去掉芽，放入清水中浸泡并洗净，捞出沥水。

◎ **制作步骤** *Operations*

❶ 锅置火上，加入色拉油烧至六成热，下入鸽肉丝滑散至熟，捞出沥油。

❷ 原锅留少许底油，复置旺火上烧热，先下入葱丝、姜丝炒香。

❸ 再放入绿豆芽炒至刚熟，倒入滑好的鸽脯丝翻炒均匀。

❹ 然后加入精盐、味精、胡椒粉、白糖、高汤调好口味。

❺ 用水淀粉勾薄芡，淋入少许明油，出锅装盘即可。

☺ 原 料 芦笋150克, 鹅肠100克。

☺ 调 料 精盐、胡椒粉各1/3小匙, 鸡精、味精、淀粉、绍酒各1/2小匙, 水淀粉适量, 色拉油3大匙。

☺ 原 料 卤水豆腐300克, 茼蒿100克, 鲜虾酱50克, 鸡蛋1个。

☺ 调 料 葱末、姜末、味精、胡椒粉、香油、高汤、色拉油各适量。

芦笋爆鹅肠

口味 脆嫩清香　Time 20分钟

口味 软嫩浓香　Time 15分钟

虾酱茼蒿炒豆腐

◎ 准备工作 Preparations

❶ 芦笋切去老根, 刮净表面老皮, 洗净、沥水, 切成菱形小块。

❷ 锅中加入清水和少许精盐烧沸, 放入芦笋焯至断生, 捞出沥干。

❸ 鹅肠放在盆内, 加上少许精盐和淀粉, 反复揉搓以去掉异味。

❹ 捞出鹅肠, 换清水漂洗干净, 沥去水分, 改刀切成小段。

❺ 放在大碗内, 加入少许精盐、淀粉、绍酒、味精码味上浆。

◎ 制作步骤 Operations

❶ 净锅置火上烧热, 倒入色拉油烧至七成热, 下入鹅肠、芦笋略炒。

❷ 再加入少许精盐、绍酒、味精炒至入味。

❸ 用水淀粉勾芡收汁, 出锅装盘, 撒入胡椒粉即成。

◎ 准备工作 Preparations

❶ 茼蒿去根, 洗净, 沥净水分, 切成小粒。

❷ 锅置火上, 加入清水烧沸, 放入茼蒿粒焯烫一下, 捞出沥干。

❸ 卤水豆腐洗净, 切成大小均匀的小丁, 入沸水锅内焯烫透, 捞出沥水。

❹ 鸡蛋磕入大碗内搅拌均匀, 再加入鲜虾酱调匀成浓糊状。

◎ 制作步骤 Operations

❶ 净锅置火上, 加入色拉油烧至六成热, 下入豆腐丁煎至表皮稍硬, 呈乳黄色时捞出。

❷ 锅置火上, 加入少许色拉油烧热, 倒入虾酱鸡蛋液炒至凝固。

❸ 再下入葱末、姜末煸炒出香味, 倒入高汤, 加入豆腐丁炒匀。

❹ 然后放入茼蒿丁炒匀, 加入味精、胡椒粉, 淋入香油, 出锅装盘即可。

1 黄瓜、水发玉兰片、水发冬菇分别洗净,均切成丁。

2 锅中加水烧沸,放入玉兰片和冬菇焯烫一下,捞出沥水。

3 碗中加入少许精盐、清汤、绍酒、味精、水淀粉调成芡汁。

5 放入碗中,加入少许精盐、鸡蛋清、水淀粉抓匀上浆。

油爆鸡丁

口味 咸鲜 清淡

⏰ Time 25分钟

◎ **原料** 鸡胸肉200克,水发玉兰片、水发冬菇、黄瓜各30克,鸡蛋清1个。

◎ **调料** 葱末、姜末、蒜末各3克,精盐、味精、香油各少许,绍酒2小匙,水淀粉、清汤各3大匙,花生油500克。

4 鸡胸肉洗净,去除筋膜,切成1.5厘米见方的丁。

◎ **制作步骤** Operations

1 锅中加油烧至五成热,下入鸡丁滑至八分熟,捞出沥油。

2 锅中留底油烧热,下入葱末、姜末、蒜末炒香。

3 放入黄瓜丁、玉兰丁和冬菇丁炒拌均匀。

4 再放入滑好的鸡肉丁,用旺火翻炒均匀。

5 烹入调好的芡汁炒匀,淋上香油,出锅装盘即可。

红掌清波

ⓔ 原 料 鹅掌200克, 西芹50克, 红椒15克。

ⓔ 调 料 八角、白芷、白糖、胡椒粉各少许, 精盐、鸡精各1/3小匙, 味精、绍酒各1小匙, 水淀粉适量, 鲜汤500克, 色拉油2大匙。

◎ **准备工作** Preparations

❶ 西芹去根和叶, 撕去表面菜筋, 洗净, 切成菱形块。

❷ 红椒去蒂及子, 洗净后沥水, 切成菱形片。

❸ 鹅掌放入盆内, 加入清水和少许精盐洗净, 捞出换水浸泡。

◎ **制作步骤** Operations

❶ 净锅置火上, 加入鲜汤、绍酒、八角、白芷烧煮至沸, 放入鹅掌。

❷ 转小火烧煮约30分钟至鹅掌断生, 捞出沥水。

❸ 净锅置火上, 加入少许色拉油烧至六成热, 放入西芹块和红椒片煸炒片刻。

❹ 倒入鹅掌翻炒均匀, 再加入精盐、白糖、胡椒粉、鸡精、味精翻炒片刻。

❺ 用水淀粉勾芡收汁, 淋入少许色拉油, 出锅装盘即成。

口味 清香 鲜嫩　**Time** 40分钟

韭菜炒鹅脯

口味 嫩滑 清香　**Time** 20分钟

ⓔ 原 料 鹅脯肉150克, 韭菜100克。

ⓔ 调 料 姜片、葱段、味精、鸡精、胡椒粉、白糖、绍酒、酱油、色拉油各适量。

◎ **准备工作** Preparations

❶ 鹅脯肉去筋膜和表皮, 放入淡盐水中洗净, 捞出沥去水分。

❷ 锅中加入清水烧沸, 放入鹅脯肉、姜片、葱段、绍酒, 用小火煮熟。

❸ 捞出晾凉, 切成5厘米长的粗丝。

❹ 韭菜去根和老叶, 洗净, 控净水分, 切成4厘米长的段。

◎ **制作步骤** Operations

❶ 炒锅置火上, 加入色拉油烧至四成热, 下入韭菜段快速煸炒片刻。

❷ 再加入酱油、白糖、胡椒粉、味精、鸡精, 用中火翻炒均匀。

❸ 然后放入鹅肉丝, 快速翻炒至韭菜断生、鹅肉丝软嫩。

❹ 淋上少许烧热的色拉油炒匀, 出锅装盘即成。

腊鸭肠炒芥蓝

☝ **原 料** 荷塘芥蓝500克，腊鸭肠200克。

☝ **调 料** 姜末、精盐、白糖、胡椒粉、绍酒、水淀粉、色拉油各适量。

◉ **准备工作** Preparations

❶ 芥蓝去根，削去老皮，用清水洗净，沥去水分。

❷ 斜刀切成小段，放在碗内，加入少许精盐拌匀，腌渍5分钟。

❸ 腊鸭肠用清水浸泡并洗净杂质，沥去水分，切成小段。

❹ 锅中加入清水烧沸，放入腊鸭肠略焯一下，捞出沥干水分。

口味 滑嫩爽口　Time 30分钟

❺ 白糖、胡椒粉放入碗中，加入100克清水调匀成糖汁。

◉ **制作步骤** Operations

❶ 净锅置火上烧热，加入色拉油烧至六成热，先下入姜末爆炒出香味。

❷ 再放入芥蓝段快速翻炒至刚熟，加入腊鸭肠段煸炒片刻。

❸ 然后烹入绍酒，倒入调好的汤汁快速炒拌均匀至入味。

❹ 加入精盐炒匀，用水淀粉勾薄芡，出锅装盘即可。

葱爆鸭块

口味 鲜嫩清香　Time 25分钟

☝ **原 料** 鸭腿500克，大葱100克，鸡蛋1个。

☝ **调 料** 精盐、鸡精、白糖、酱油、水淀粉、绍酒、香油、色拉油各适量。

◉ **准备工作** Preparations

❶ 大葱去根和老叶，洗净，沥去水分，斜刀切成长段。

❷ 鸡蛋磕入碗中，加入少许精盐、淀粉和面粉调拌均匀成全蛋糊。

❸ 鸭腿剔去骨头，洗净、沥水，先在内侧剞上浅十字花刀，再切成2厘米大小的块。

❹ 放在碗里，加入少许精盐、酱油拌匀入味，再倒入全蛋糊、少许色拉油拌匀上浆。

◉ **制作步骤** Operations

❶ 净锅置火上，加入色拉油烧至六成热，下入葱段炸至金黄色，捞出沥油。

❷ 待锅内油温升至七成热时，放入鸭腿块用筷子拨散并炸熟，捞出沥油。

❸ 原锅留少许底油，复置旺火上烧热，放入炸好的鸭块和葱段煸炒出香味。

❹ 再加入绍酒、白糖、精盐、酱油和少许清水翻炒至沸，调入鸡精。

❺ 用水淀粉勾薄芡，淋上香油，出锅装盘即成。

ⓔ 原 料 鸭胸肉300克，洋葱150克，西红柿100克，莲子50克，蛋清1个。

ⓔ 调 料 精盐1小匙，味精、白糖各1/2小匙，绍酒2小匙，葱姜汁1大匙，水淀粉2大匙，鸭汤3大匙，色拉油适量。

ⓔ 原 料 鸭心400克，水发玉兰片、水发木耳各30克，泡红辣椒10克，青椒5克。

ⓔ 调 料 葱段10克，姜片、蒜片各5克，胡椒粉少许，味精1/2小匙，绍酒1小匙，水淀粉、肉汤各5小匙，熟猪油120克。

鸭丁炒莲子

口味
爽滑
鲜嫩

Time
25分钟

口味
香辣
鲜香

Time
20分钟

火爆鸭心

◉ 准备工作 Preparations

❶ 鸭胸肉去掉鸭皮和油脂，洗涤整理干净，切成1厘米见方的小丁。

❷ 放在碗内，加入鸡蛋清和少许水淀粉拌匀。

❸ 莲子用温水泡透，去掉莲子心，放入沸水锅内焯烫一下，捞出沥水。

❹ 洋葱、西红柿分别去皮、洗净，均刻成心形，围摆在盘边呈荷花状。

❺ 鸭汤、精盐、绍酒、白糖、味精、葱姜汁、水淀粉放入大碗中调匀成味汁。

◉ 制作步骤 Operations

❶ 锅置火上，加入色拉油烧至四成热，放入鸭肉丁滑透，捞出沥油。

❷ 锅中留底油烧热，放入莲子略炒片刻。

❸ 再放入鸭肉丁，烹入味汁颠翻均匀，出锅装在围好的"荷花"内即可。

◉ 准备工作 Preparations

❶ 玉兰片洗净，沥去水分，切成小片。

❷ 水发木耳去蒂、洗净，撕成小朵。

❸ 青椒去蒂及子，洗净，切成片；泡红辣椒切成小段。

❹ 鸭心剥去外膜，洗涤整理干净，沥去水分，先剞上十字花刀，再切成小片。

❺ 放入碗中，加入少许精盐、绍酒及水淀粉搅拌均匀，腌渍5分钟。

◉ 制作步骤 Operations

❶ 锅中加熟猪油烧至八成热，放入鸭心煸炒。

❷ 再下入姜片、葱段、蒜片、木耳、泡椒、玉兰片略炒出香味。

❸ 然后放入青椒片炒匀，加入酱油、胡椒粉、肉汤翻炒均匀。

❹ 用水淀粉勾芡，淋上明油，即可出锅装盘。

1 鲜红辣椒去蒂和子，洗净，切成小段。

2 大葱去根和老叶，洗净，斜刀切成段。

3 鸡肝放入冷水中浸泡以去除血水，捞出沥净，切成片。

5 鸡肠剪开，洗净，切段，入清水锅中焯一下，捞出沥水。

爆炒鸡杂

口味 鲜咸香辣

⏱ **Time 25分钟**

🔲 **原 料** 鸡肝、鸡胗、鸡肠各200克，鲜红辣椒30克。

🔲 **调 料** 葱段50克，精盐、酱油各1小匙，味精、鸡精各2小匙，香油、色拉油各适量。

4 鸡胗剥去内侧黄皮，洗涤整理干净，切成小片。

◎ **制作步骤 Operations**

1 锅中加油烧热，分别下入鸡肝片、鸡胗片滑熟，捞出沥油。

2 锅留底油烧热，下入红干椒段和葱段炒出香味。

3 再放入鸡肝片、鸡胗片和鸡肠段略炒片刻。

4 然后加入精盐、味精、鸡精、酱油调好口味。

5 快速翻炒均匀，淋上香油，即可出锅装盘。

炒鸡件

口味 鲜咸香辣

Time 25分钟

原 料 鸡肝250克, 鸡胗、鸡心各200克, 青椒、红椒各50克, 青蒜苗20克, 泡椒、野山椒各10克。

调 料 葱花、姜丝、蒜片各少许, 精盐、白糖、

淀粉各1小匙, 味精2小匙, 鸡精1/2大匙, 绍酒1大匙, 色拉油500克。

准备工作 *Preparations*

❶ 鸡肝、鸡胗、鸡心分别洗涤整理干净, 均切成小片。

❷ 青蒜苗择洗干净, 切成小段。

❸ 青椒、红椒去蒂和子, 洗净, 切成小块。

❹ 野山椒、泡椒分别去蒂, 洗净、沥水。

制作步骤 *Operations*

❶ 锅中加入色拉油烧至四成热, 分别下入鸡肝、鸡胗、鸡心滑油至熟, 捞出沥油。

❷ 锅留少许底油, 复置旺火上烧至六成热, 先下入泡椒、野山椒稍炒。

❸ 放入葱花、姜丝、蒜片炒出香辣味, 再放入鸡肝、鸡胗、鸡心翻炒均匀。

❹ 加入青椒块、红椒块、精盐、味精、鸡精、白糖、绍酒翻炒至入味。

❺ 用水淀粉勾芡, 撒上蒜苗, 即可装盘。

酱爆核桃鸡丁

口味 咸鲜酱香

Time 20分钟

原 料 鸡脯肉250克, 核桃肉75克, 蛋清适量。

调 料 精盐、味精、白糖、酱油、绍酒、水淀粉、香油、色拉油各适量。

准备工作 *Preparations*

❶ 鸡脯肉剔去筋膜, 洗净, 沥去水分。

❷ 把鸡脯肉切成2厘米大小的丁, 放入大碗内。

❸ 加入鸡蛋清、少许精盐和水淀粉拌匀上浆。

❹ 核桃肉用开水烫一下, 捞出晾凉, 剥去外皮。

制作步骤 *Operations*

❶ 净锅置火上, 加入色拉油烧至四成热, 下入核桃肉炸至金黄色, 捞出。

❷ 再放入鸡肉丁滑约1分钟至八分熟, 捞出沥油。

❸ 锅留少许底油, 复置火上烧至六成热, 加入酱油、白糖炒至白糖化开。

❹ 再烹入绍酒, 放入鸡肉丁和核桃肉快速翻炒均匀。

❺ 然后加入精盐、味精调好口味, 淋入香油, 出锅装盘即可。

鸡蛋炒尖椒

原 料 鸡蛋4个，青尖椒100克，红尖椒50克。

调 料 大葱5克，精盐1/2小匙，香油少许，葱油3大匙。

准备工作 Preparations

❶ 鸡蛋磕入碗中，加入少许精盐搅拌均匀成鸡蛋液。

❷ 青尖椒用清水洗净，沥去水分，去蒂及子，切成小片。

❸ 大葱去根和老叶，洗净、沥水，切成碎末。

❹ 红尖椒去蒂和子，洗净，取一半切成片，剩余红尖椒切成丝。

口味 清香微辣 **Time** 10分钟

制作步骤 Operations

❶ 坐锅点火，加入葱油烧热，倒入鸡蛋液炒成蛋花，盛出沥油。

❷ 锅留少许底油，复置火上烧至六成热，先下入葱末和红尖椒丝炒香。

❸ 再放入青尖椒片和红椒片，用旺火快速翻炒至出香辣味。

❹ 然后加入精盐炒匀，放入炒好鸡蛋翻炒均匀，淋上香油，即可出锅装盘。

白米虾炒蛋

口味 鲜香软嫩 **Time** 15分钟

原 料 鸡蛋350克，白米虾、石耳各适量。

调 料 精盐1小匙，味精、胡椒粉、绍酒、鸡汤、熟鸡油各适量。

准备工作 Preparations

❶ 白米虾放在小盆内，加入少许精盐和清水搅拌均匀，洗净杂质。

❷ 捞出白米虾，去掉虾头，再换清水漂洗干净，沥去水分。

❸ 石耳用温水浸泡至软，去蒂、洗净，撕成小块。

❹ 鸡蛋磕入大碗内，先放入白米虾和石耳块调拌均匀。

❺ 再加入适量精盐、胡椒粉、绍酒和味精调匀成鸡蛋液。

制作步骤 Operations

❶ 净锅置旺火上，加入鸡汤烧至汤汁微沸（约90℃左右）。

❷ 慢慢倒入调好的鸡蛋液，用手勺轻轻推动，待蛋液凝结成块时。

❸ 淋上烧热的熟鸡油并炒拌均匀，出锅装盘即可。

ⓒ 原 料 豆干300克, 芹菜100克, 红椒条少许。

ⓒ 调 料 葱末、姜末、胡椒粉、水淀粉、香油各少许, 味精、绍酒各1/2小匙, 酱油1小匙, 鲜汤3大匙, 色拉油适量。

芹菜炒豆干

口味 软嫩清香 | Time 15分钟

ⓒ 原 料 豆腐1块, 鸡胸肉75克, 青豆50克, 鸡蛋清1个。

ⓒ 调 料 葱末、姜末、精盐、鸡精、白胡椒粉、淀粉、绍酒、鸡油、高汤、色拉油各适量。

口味 软嫩鲜香 | Time 20分钟

鸡蓉豆腐

◉ 准备工作 Preparations

❶ 豆干洗净, 沥净水分, 切成小条。

❷ 锅置火上, 加入清水烧沸, 放入豆干条焯烫一下, 捞出沥干。

❸ 芹菜去根、去叶, 取嫩芹菜茎, 洗净, 切成小段。

❹ 净锅置火上, 加入色拉油烧至六成热, 放入豆干条冲炸一下, 捞出沥油。

◉ 制作步骤 Operations

❶ 锅中留少许底油, 复置火上烧至七成热, 先下入葱末、姜末炝锅。

❷ 放入芹菜段用旺火煸炒至芹菜刚熟, 烹入绍酒炒匀。

❸ 再加入豆干条略炒片刻, 添入鲜汤, 加入酱油烧煮至沸。

❹ 然后放入味精、胡椒粉翻炒均匀, 用水淀粉勾芡, 淋入香油, 即可装盘。

◉ 准备工作 Preparations

❶ 豆腐片去四周老皮, 放在容器内捣烂成泥。

❷ 鸡胸肉剔去筋膜, 洗净、沥水, 剁成蓉状。

❸ 青豆择洗干净, 放入沸水锅内焯烫一下, 捞出沥干。

❹ 豆腐泥、鸡蓉放在大碗内, 先加入葱末、姜末和精盐调拌均匀。

❺ 再加入绍酒、白胡椒粉、鸡精、鸡蛋清和淀粉搅拌均匀。

◉ 制作步骤 Operations

❶ 锅中加油烧至五成热, 将豆腐馅放入漏勺。

❷ 用手勺挤成珍珠大小的丸子, 入油锅内炸至浅黄色, 捞出沥油。

❸ 净锅上火, 加入高汤、精盐、白胡椒粉烧煮至沸, 撇去浮沫和杂质。

❹ 放入豆腐丸子、青豆炒匀, 用水淀粉勾芡。

❺ 淋入熟鸡油, 待汤汁浓稠时出锅装盘即可。

青椒炒鸭肠

口味 咸辣香脆 | Time 25分钟

1 青椒去蒂、去子，洗净，沥去水分，切成细丝。

2 取一小碗，加入酱油、绍酒、精盐、米醋、味精调成味汁。

3 鸭肠用剪刀从中间剪开，放入大碗中。

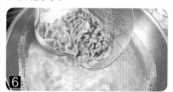

4 加入适量淀粉和米醋，用手揉搓均匀，以去除腥味。

5 取出鸭肠，放入清水中反复搓洗干净，切成小段。

6 再放入沸水锅中焯烫至卷起变色，捞出沥干水分。

◎原 料 净鸭肠400克，青椒100克。

◎调 料 精盐、味精各少许，酱油4小匙，米醋2大匙，绍酒1小匙，淀粉、红辣椒油、熟猪油各1大匙。

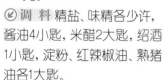

◎制作步骤 Operations

1 炒锅置旺火上，加入熟猪油烧热，下入青椒丝略炒。

2 烹入调好的味汁，快速翻炒均匀至汤汁浓稠。

3 再放入鸭肠段，继续用旺火翻炒至均匀入味。

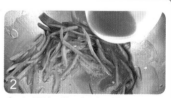

4 最后淋入红辣椒油炒匀，出锅装盘即可。

香干马兰头

☙ 原　料 马兰头350克，兰花豆腐干200克。

☙ 调　料 葱花少许，精盐2小匙，味精1/2小匙，米醋、绍酒、香油、色拉油各适量。

◎ **准备工作** *Preparations*

❶ 兰花豆腐干放入容器内，倒入少许清水和精盐拌匀，腌渍5分钟。

❷ 捞出兰花豆腐干，放入清水锅内焯烫一下，捞出沥净水分。

❸ 兰花豆腐干晾凉，切成黄豆大小的碎粒，放在盘内。

❹ 马兰头去根和杂质，用清水浸泡并择洗干净，沥去水分。

 口味 鲜香 软嫩 Time 20分钟

❺ 锅中加入清水烧沸，加入少许精盐，放入马兰头焯烫至熟。

❻ 捞出冲凉，挤干水分，改刀切成小粒。

◎ **制作步骤** *Operations*

❶ 净锅置火上，加入色拉油烧至六成热，先下入葱花煸炒片刻。

❷ 再放入兰花豆腐干和马兰头，用旺火快速翻炒均匀。

❸ 加入精盐、米醋和味精炒匀，淋上香油，出锅装盘即可。

香干药芹

口味 鲜香 爽口 Time 20分钟

☙ 原　料 药芹250克，五香豆腐干100克，黑芝麻25克。

☙ 调　料 精盐1/2小匙，味精少许，香油2大匙。

◎ **准备工作** *Preparations*

❶ 药芹去根和叶，放入清水盆内浸泡并洗净，捞出沥水。

❷ 锅加清水烧沸，放入药芹焯烫至软，捞出放冷水中投凉，沥去水分。

❸ 切成1厘米大小的丁，加入少许精盐拌匀。

❹ 五香豆腐干放入沸水锅中焯透，捞出过凉、沥水，切成小丁。

❺ 黑芝麻洗净、沥干，入热干锅中炒出香味，出锅晾凉。

◎ **制作步骤** *Operations*

❶ 净锅置火上，加入色拉油烧至六成热，放入药芹丁和豆腐干丁煸炒片刻。

❷ 再加入精盐快速炒拌均匀且入味，调上味精稍炒。

❸ 最后淋上香油拌匀，出锅盛入盘中，撒上炒好的黑芝麻即成。

口味
鲜香
滑嫩

Time
20分钟

蟹粉银丝

🐾 **原 料** 蟹黄肉100克，干粉丝50克，香菜25克。

🐾 **调 料** 大葱10克，姜块5克，味精、胡椒面、绍酒、白醋各1/2小匙，酱油4小匙，水淀粉3大匙，清汤100克，熟猪油150克。

◎ **准备工作** *Preparations*

❶ 蟹黄肉放入碗内，加入少许绍酒和精盐调拌均匀。

❷ 放入沸水锅中，用旺火蒸约5分钟，取出晾凉。

❸ 香菜择洗干净，沥去水分，切成小段。

❹ 大葱洗净，切成末；姜块去皮，切成末。

◎ **制作步骤** *Operations*

❶ 净锅置火上，加入熟猪油烧至七成热，放入干粉丝炸透，捞出沥油。

❷ 锅留少许底油，复置火上烧至六成热，先下入葱花、姜末炝锅。

❸ 再放入蒸好的蟹黄肉轻轻推炒均匀，加入绍酒和少许清汤炒匀。

❹ 然后加入酱油、白醋，用水淀粉勾薄芡，调入味精，撒上胡椒面炒匀。

❺ 趁热浇淋在炸好的粉丝上，最后放上香菜段即成。

粉皮炒猪肝

口味
咸香
软嫩

Time
15分钟

🐾 **原 料** 粉皮200克，猪肝150克，青椒块、红椒块各25克。

🐾 **调 料** 葱段、精盐、味精各少许，白醋、白糖各1小匙，酱油、香油各2小匙，淀粉1大匙，色拉油500克(约耗50克)。

◎ **准备工作** *Preparations*

❶ 粉皮用温水浸泡片刻，洗净、沥水，切成菱形片，入沸水锅中略焯一下，捞出沥干。

❷ 猪肝剔去筋膜，洗净，擦净表面水分，切成大片。

❸ 放在碗内，加入少许精盐、白醋、味精、淀粉码味上浆。

◎ **制作步骤** *Operations*

❶ 净锅置火上，加入色拉油烧至四成热，用筷子拨入猪肝片滑油。

❷ 待猪肝片变色且刚刚断生后，捞出猪肝片，沥去油分。

❸ 原锅留少许底油，复置旺火上烧至六成热，下入葱段煸炒出香味。

❹ 放入青椒块、红椒块略炒，再放入猪肝片和粉皮块炒匀。

❺ 加入酱油、白糖、味精炒至入味，用水淀粉勾芡，淋入白醋、香油，出锅装盘即可。

Ⓚ **原 料** 豆腐1块，瘦肉、胡萝卜、花生仁各50克。

Ⓚ **调 料** 葱末、姜末、蒜末、白糖、辣椒酱、酱油、清汤、水淀粉、色拉油各适量。

宫保豆腐丁

口味 软嫩香辣　⏱ Time 20分钟

Ⓚ **原 料** 豆腐皮200克，小青菜100克，纯碱4克。

Ⓚ **调 料** 精盐、鸡精、白糖各1/3小匙，味精1/2小匙，花椒油少许，熟猪油2大匙。

口味 清香咸鲜　⏱ Time 15分钟

青菜炒豆腐皮

准备工作 Preparations
❶ 豆腐片去老皮，放入淡盐水中浸泡，捞出沥水，切成1厘米厚的大片，入沸水锅内焯烫一下，取出沥水。
❷ 瘦肉洗净，切成丁，放入热油锅内冲一下，捞出沥油。
❸ 胡萝卜洗净、去皮，切小丁，焯水后过凉。

制作步骤 Operations
❶ 锅中加油烧至四成热，加入花生仁炸熟，捞出沥油。
❷ 待油温升至七成热时，把豆腐挂匀水淀粉，入油锅内炸至熟透，捞出沥油。
❸ 锅留底油烧热，下入葱末、姜末、蒜末炝锅。
❹ 放入瘦肉丁、胡萝卜丁炒出香味，加入辣椒酱、酱油、白糖翻炒均匀。
❺ 再添入清汤烧沸，放入豆腐丁炒至入味。
❻ 用水淀粉勾芡，撒上花生仁炒匀，装盘即成。

准备工作 Preparations
❶ 豆腐皮放入淡盐水中浸泡片刻，捞出控去水分，切成细丝。
❷ 锅置火上，加入清水和纯碱烧沸，放入豆腐皮丝煮5分钟。
❸ 捞出豆腐皮丝，放入清水中漂去碱味，取出沥去水分。
❹ 小青菜去根和老叶，洗净，沥去水分。

制作步骤 Operations
❶ 锅置火上，放入猪油烧至四成热，下入小青菜煸炒至刚熟。
❷ 再放入豆腐皮丝，用中火煸炒2分钟至熟烂，加入精盐炒匀。
❸ 然后加入白糖、味精、鸡精，转旺火快速翻炒均匀。
❹ 淋上烧热的花椒油炒匀，出锅装盘即成。

🕑 原 料 蒜薹350克，鸡蛋4个，大葱白50克。

🕑 调 料 精盐、香油、色拉油各适量。

◎ **准备工作** *Preparations*

1 蒜薹去掉老根，放入清水中洗净，切成小段。

木樨蒜薹

口味 咸香 滑嫩

🕐 Time 20分钟

2 放入加入少许精盐的沸水锅中焯烫一下，捞出沥水。

3 大葱白洗净，切成丝，放入碗中，撒上少许精盐。

4 锅中加油烧至九成热，倒在葱丝上稍焖出香味成葱油。

◎ **制作步骤** *Operations*

1 鸡蛋磕在大碗里，加入少许精盐搅拌均匀。

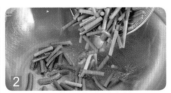

2 锅中加入少许葱油烧热，倒入鸡蛋液炒成蛋花，盛出沥油。

3 锅置火上，加入剩余的葱油烧热，放入蒜薹段用旺火炒匀。

4 加入精盐快速煸炒至蒜薹段断生。

5 再放入炒好的鸡蛋花，继续翻炒均匀。

6 最后淋上香油并炒匀，即可出锅装盘。

花椒鸡丁

口味 鲜嫩香麻
Time 45分钟

- 🔘 **原 料** 鸡胸肉500克,黄瓜50克,鸡蛋清1个。
- 🔘 **调 料** 鲜花椒20克,精盐1小匙,味精、鸡精各2小匙,淀粉少许,色拉油适量。

◎ **准备工作** Preparations

1. 鲜花椒洗净,放在小碗里,加入适量清水浸泡30分钟,捞出花椒。
2. 浸泡花椒的清水过滤后留用;黄瓜洗净,切成小丁。
3. 鸡胸肉剔去筋膜,洗净,切成1.5厘米大小的丁。
4. 放入碗内,加入鸡蛋清、淀粉搅拌均匀,腌渍片刻。

◎ **制作步骤** Operations

1. 锅置火上,加入色拉油烧热,下入鸡肉丁滑散至熟,盛出沥油。
2. 锅中留少许底油,先下入泡好的花椒煸炒出香味。
3. 再放入鸡肉丁、黄瓜丁炒香,烹入过滤的花椒水炒匀。
4. 加入精盐、味精、鸡精调好口味,用水淀粉勾芡,出锅装盘即可。

巧手赛螃蟹

口味 软嫩清香
Time 30分钟

- 🔘 **原 料** 胡萝卜250克,咸鸭蛋黄3个。
- 🔘 **调 料** 大葱、姜块各10克,精盐、味精各1/2小匙,胡椒粉1/3小匙,绍酒1大匙,色拉油2大匙。

◎ **准备工作** Preparations

1. 胡萝卜去根、去皮,洗净,切成小块。
2. 放在大碗内,上屉用旺火蒸至熟烂,取出晾凉。
3. 再放入搅拌器内搅打成泥状,取出。
4. 咸鸭蛋黄放在盘内,上屉用旺火蒸5分钟,取出碾成细末。
5. 大葱去根和老叶,姜块去皮,洗净、沥水,均切成细末。

◎ **制作步骤** Operations

1. 净锅置火上,加入色拉油烧至六成热,先下入葱末、姜末炒出香味。
2. 再放入胡萝卜蓉和咸鸭蛋黄末用小火煸炒均匀,烹入绍酒炒匀。
3. 边炒边淋入少许色拉油,直至将胡萝卜蓉炒至浓稠。
4. 然后加入精盐、味精、胡椒粉翻炒至入味,即可出锅装盘。

木樨豆腐

🍃 **原 料** 北豆腐200克,鸡蛋3个,木耳15克。

🍃 **调 料** 葱末、姜末、精盐、味精、水淀粉、香油、色拉油各适量。

◎ **准备工作** *Preparations*

❶ 北豆腐削去四周老皮,放入沸水锅内焯煮5分钟。

❷ 捞入清水中过凉并洗净,沥去水分,放在大碗内。

❸ 用筷子将豆腐搅拌成泥状,再磕入鸡蛋调拌均匀。

❹ 然后加入葱末、姜末、精盐、味精搅匀成鸡蛋豆腐蓉。

口味 软嫩清香 Time 15分钟

❺ 木耳用温水浸泡至软,取出去蒂和杂质,洗净,撕成小朵。

◎ **制作步骤** *Operations*

❶ 净锅置火上,加入色拉油烧至六成热,倒入豆腐鸡蛋蓉煸炒。

❷ 边炒边分几次淋入色拉油,直至将豆腐鸡蛋蓉炒至凝固且刚熟。

❸ 再放入木耳块,淋入少许清水炒匀,用水淀粉勾芡。

❹ 最后淋入香油翻炒均匀,出锅装盘即可。

豆腐炒韭菜

口味 酥香鲜咸 Time 20分钟

🍃 **原 料** 豆腐、韭菜各200克。

🍃 **调 料** 精盐、绍酒、花椒油各1小匙,味精1/2小匙,色拉油500克(约耗50克)。

◎ **准备工作** *Preparations*

❶ 豆腐片去老皮,用清水洗净,沥去水分。

❷ 切成5厘米长、1厘米见方的小条,放入沸水锅内焯烫一下,捞出过凉,沥净水分。

❸ 韭菜去根和老叶,洗净,控净水分,切成小段。

◎ **制作步骤** *Operations*

❶ 炒锅置火上烧热,加入色拉油烧至六成热,下入豆腐条炸上颜色,捞出。

❷ 待锅内油温升至八成热时,再放入豆腐条复炸至色泽金黄,捞出沥油。

❸ 原锅留少许底油,复置旺火上烧热,放入韭菜段快速翻炒一下。

❹ 再倒入炸好的豆腐条炒拌均匀,加入精盐、味精调味。

❺ 然后淋上烧热的花椒油翻炒均匀,出锅装盘即可。

⚑ **原 料** 北豆腐300克，油菜75克，红辣椒、香菜各25克。

⚑ **调 料** 精盐1/2小匙，清汤3大匙，花生油100克。

煎炒豆腐

口味 软嫩鲜辣 ⏱ Time 15分钟

⚑ **原 料** 豆腐干100克，猪瘦肉50克，胡萝卜、青红椒、韭菜各适量。

⚑ **调 料** 葱段、蒜蓉、白糖、生抽、香油各少许，精盐、米酒各1小匙，色拉油4小匙。

口味 鲜香软嫩 ⏱ Time 20分钟

豆干炒肉丝

◉ 准备工作 Preparations

❶ 北豆腐放在容器内，加上少许温水和精盐调拌均匀，腌渍几分钟。

❷ 取出豆腐，切成6厘米长、0.5厘米宽的条。

❸ 红辣椒去蒂和子，洗净、沥水，切成细丝。

❹ 香菜去根和叶，取嫩香菜梗，洗净、沥水，切成5厘米长的段。

❺ 油菜去根和茎，取嫩油菜叶，洗净、沥水。

◉ 制作步骤 Operations

❶ 锅置火上，加入清水烧沸，放入油菜叶略烫，然后摆在盘子的四周。

❷ 净锅置火上，加入花生油烧至六成热，放入豆腐煎炒至四面呈黄色时。

❸ 再加入精盐和清汤烧沸，撇去浮沫。

❹ 撒上辣椒丝、香菜段快速翻炒均匀，出锅装盘即可。

◉ 准备工作 Preparations

❶ 豆腐干放入沸水锅内焯煮一下，捞出过凉，沥去水分。

❷ 先片成薄片，再切成长约5厘米的丝。

❸ 猪瘦肉去除筋膜，洗净、沥水，切成丝。

❹ 胡萝卜去皮，洗净；青红椒去蒂和子，洗净，均切成丝。

❺ 韭菜择洗干净，沥净水分，切成小段。

◉ 制作步骤 Operations

❶ 锅置旺火上，加入色拉油烧至七成热，先下入蒜蓉爆炒出香味。

❷ 加入葱段和猪肉丝煸炒至肉丝变色，再加入豆腐干丝翻炒均匀。

❸ 然后放入胡萝卜丝和青红椒丝炒出香味，烹入米酒炒匀。

❹ 加入精盐、白糖、生抽调好口味，撒上韭菜段，淋上香油，出锅装盘即可。

黄埔炒蛋

原 料 鸡蛋250克,大葱25克,姜块15克。

调 料 精盐1/3小匙,味精1/2小匙,熟猪油350克(约耗100克)。

◎ 准备工作 *Preparations*

❶ 鸡蛋磕在大碗内搅拌均匀,先加入精盐调拌均匀。

❷ 再加入味精和少许熟猪油搅拌均匀成鸡蛋液。

❸ 大葱去根和老叶,洗净,沥去水分,切成碎末。

❹ 姜块削去外皮,洗净后沥水,放在碗内捣烂成姜蓉。

口味 软滑清香 Time 10分钟

❺ 把姜蓉和葱末放入鸡蛋浆液内调拌均匀。

◎ 制作步骤 *Operations*

❶ 净锅置火上,加入少许熟猪油滑锅,倒入调制好的鸡蛋浆液。

❷ 一边倒鸡蛋液,一边用铲子铲动,并且淋上少许的熟猪油。

❸ 待炒至鸡蛋定浆、凝固且刚熟时,即可出锅装盘。

腐皮鸡毛菜

口味 鲜咸清香 Time 15分钟

原 料 豆腐皮200克,鸡毛菜150克,大葱15克。

调 料 精盐、味精、色拉油各适量。

◎ 准备工作 *Preparations*

❶ 鸡毛菜去根、洗净,捞出沥去水分。

❷ 净锅置火上,加入清水烧沸,放入鸡毛菜焯烫一下。

❸ 捞入冷水中过凉,攥干水分,切成两段。

❹ 豆腐皮放在温水盆内,加上少许精盐调匀,腌渍5分钟。

❺ 捞出挤净水分,切成细丝。

❻ 大葱去根和老叶,洗净、沥水,切成细丝。

◎ 制作步骤 *Operations*

❶ 净锅置火上,加入色拉油烧至八成热,下入豆腐丝炸脆,捞出沥油。

❷ 锅留少许底油,复置火上烧至六成热,下入葱丝炝锅出香味。

❸ 放入鸡毛菜略炒,再放入炸好的豆腐皮丝快速翻炒均匀。

❹ 然后加入少许清水、精盐、味精炒至入味,出锅装盘即可。

⊙ 原 料 豆腐400克, 韭菜50克, 鸡蛋2个。

⊙ 调 料 葱花5克, 精盐1小匙, 鸡粉、味精各1/2小匙, 香油少许, 色拉油3大匙。

农家豆腐

口味
鲜咸
清香 　Time 10分钟

⊙ 原 料 豆腐1块, 五花肉150克, 鸡蛋2个。

⊙ 调 料 葱花少许, 精盐、味精各1/2小匙, 色拉油3大匙。

口味
清香
鲜嫩 　Time 20分钟

桂花炒豆腐

◉ 准备工作 *Preparations*

❶ 豆腐放入容器内, 加入少许清水和精盐拌匀并洗净。

❷ 捞出豆腐, 去除四周硬皮, 沥净水分, 放入容器中。

❸ 先用筷子将豆腐搅碎成蓉, 再慢慢倒入搅拌好的鸡蛋液, 充分拌匀均匀成豆腐泥。

❹ 韭菜去根和老叶, 用清水洗净, 控净水分, 切成碎末。

◉ 制作步骤 *Operations*

❶ 净锅置火上, 加入色拉油烧至六成热, 先下入葱花炒出香味。

❷ 再放入调好的鸡蛋豆腐泥, 用中小火反复煸炒至炒干水分。

❸ 然后放入韭菜末快速翻炒出香味, 加入精盐、鸡粉、味精翻炒均匀,

❹ 最后淋入香油炒匀, 即可出锅装盘。

◉ 准备工作 *Preparations*

❶ 鸡蛋磕入大碗中搅散, 加入少许精盐调拌均匀成鸡蛋液。

❷ 豆腐用淡盐水洗净, 取出片去硬皮, 控净水分, 放在盘内。

❸ 上屉用旺火蒸约5分钟, 取出晾凉, 压成豆腐泥。

❹ 五花肉剔去筋膜, 洗净, 沥去水分, 剁成肉蓉。

❺ 放入碗中, 加入少许精盐和色拉油调拌均匀。

◉ 制作步骤 *Operations*

❶ 净锅置火上, 加入色拉油烧至五成热, 先下入猪肉馅炒至变色。

❷ 再放入葱花爆炒出香味, 倒入鸡蛋液翻炒至定浆。

❸ 然后放入豆腐泥煸炒片刻, 加入精盐、味精翻炒均匀, 即可出锅装盘。

1 豆腐片去老皮，切成1厘米大小的丁。

2 锅中加油烧热，放入豆腐丁炸至金黄色，捞出沥油。

3 胡萝卜切去根，削去外皮，洗净，切成小丁。

5 净锅加油烧至四成热，放入花生米炸酥，捞出沥油。

素炒辣豆丁

口味 香辣咸鲜

⏱ Time 20分钟

◉ **原 料** 豆腐400克，胡萝卜、豌豆各50克，花生米25克。

◉ **调 料** 葱末、姜末、蒜末各少许，味精1/3小匙，酱油、绍酒各1大匙，辣椒酱、白糖各1/2大匙，清汤、水淀粉各适量，色拉油1000克（约耗75克）。

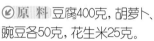

4 锅加清水烧沸，放入胡萝卜丁和豌豆粒焯透，捞出冲凉。

1 锅加少许底油烧热，下入葱末、姜末和蒜末炒香。

2 烹入绍酒，加入辣椒酱、白糖、酱油和清汤烧沸。

3 放入豆腐丁、胡萝卜丁和豌豆粒翻炒均匀。

4 再加入味精调味，用水淀粉勾薄芡。

5 撒上炸好的花生米炒匀，出锅装盘即成。

芥菜心炒素鸡

口味 清淡鲜咸
Time 15分钟

◉ 原 料 芥菜心400克，素鸡200克。

◉ 调 料 姜块、蒜瓣各10克，精盐、白糖、胡椒粉、水淀粉、蚝油、香油、上汤、色拉油各适量。

◎ 准备工作 Preparations

❶ 素鸡擦洗干净，切成厚片。

❷ 姜块去皮，切成小片；蒜瓣去皮，剁成蒜蓉。

❸ 芥菜去根和老叶，洗净，捞出沥水，切成10厘米长的小段。

❹ 净锅置火上，加入清水、少许精盐、色拉油和姜片烧沸。

❺ 加入芥菜心快速焯烫至熟，捞出沥干，码放在盘内。

◎ 制作步骤 Operations

❶ 锅中加入色拉油烧热，先下入蒜蓉煸炒出香味。

❷ 再放入切好的素鸡厚片煎上颜色。

❸ 然后加入上汤、精盐、白糖、蚝油、胡椒粉烧沸。

❹ 用水淀粉勾薄芡，淋入香油，出锅浇在焯烫好的芥菜心上即成。

沙茶炒鸡丝

口味 鲜香软嫩
Time 20分钟

◉ 原 料 鸡胸肉300克，青椒100克，熟笋、胡萝卜、水发冬菇各50克，鸡蛋清1个。

◉ 调 料 精盐、味精、沙茶酱、绍酒、水淀粉、鲜汤、香油、色拉油各适量。

◎ 准备工作 Preparations

❶ 鸡胸肉洗净，切成细丝，放在碗里。

❷ 加入少许精盐、味精、鸡蛋清、水淀粉抓匀上浆。

❸ 青椒、笋肉、胡萝卜、冬菇分别收拾干净，均切成4厘米长的丝。

❹ 全部放入沸水锅内焯烫一下，捞出沥水。

◎ 制作步骤 Operations

❶ 锅中加入色拉油烧至五成热，放入鸡丝滑熟，捞出沥油。

❷ 锅留底油烧热，先放入沙茶酱和绍酒炒沸。

❸ 再加入青椒丝、笋丝、冬菇丝、胡萝卜丝略炒。

❹ 然后加入鲜汤、味精、精盐炒匀并出香味。

❺ 放入滑好的鸡肉丝，转旺火快速翻炒均匀。

❻ 用水淀粉勾芡，淋入香油，即可出锅装盘。

金针菇炒鸡丝

🔸**原 料** 鸡胸肉250克，金针菇150克，鸡蛋清1个。

🔸**调 料** 葱丝、姜丝、精盐、味精、绍酒、水淀粉、色拉油各适量。

◎ **准备工作** *Preparations*

❶ 鸡胸肉洗净，剔去筋膜，切成细丝。

❷ 放入碗中，加入鸡蛋清、少许精盐和淀粉拌匀上浆。

❸ 金针菇放入清水中浸泡以去除杂质，捞出沥净水分，切去老根，再切成小段。

❹ 锅中加入清水烧沸，放入金针菇焯烫一下，捞出沥干。

口味 嫩滑清香　🕐 **Time 20分钟**

◎ **制作步骤** *Operations*

❶ 锅中加入色拉油烧至五成热，下入鸡肉丝滑透，捞出沥油。

❷ 原锅留底油烧热，先下入姜丝、葱丝炒出香味。

❸ 再放入鸡肉丝和金针菇略炒片刻。

❹ 然后烹入绍酒，加入精盐和味精调好口味。

❺ 用水淀粉勾薄芡，出锅装盘即成。

柠檬鸡球

口味 鲜咸酸甜　⏰ **Time 15分钟**

🔸**原 料** 鸡腿肉300克，柠檬1个，洋葱、胡萝卜各25克。

🔸**调 料** 精盐、鸡精、白糖、绍酒、酱油、香油、高汤、色拉油各适量。

◎ **准备工作** *Preparations*

❶ 鸡腿肉洗净，切成小块，放入容器中。

❷ 加上少许绍酒、酱油拌匀，腌渍20分钟。

❸ 柠檬洗净，切开挤汁，果皮切成大块。

❹ 胡萝卜去皮、洗净，切成滚刀块；洋葱去皮、洗净，切成菱形片。

◎ **制作步骤** *Operations*

❶ 坐锅点火，加入色拉油烧至七成热，下入鸡块炸至金黄色，捞出沥油。

❷ 锅中留少许底油烧热，放入洋葱片煸炒至软。

❸ 再放入胡萝卜块和柠檬块翻炒均匀，烹入绍酒。

❹ 然后加入精盐、白糖、酱油和高汤调好口味，放入炸好的鸡肉块。

❺ 用旺火快速翻炒均匀，调入鸡精，淋入香油、柠檬汁炒匀，即可出锅装盘。

☞ 原 料 鸡翅中500克, 莴笋、红尖椒各50克。

☞ 调 料 姜片、葱段、精盐、鸡精、白糖、豆瓣酱、番茄酱、绍酒、生抽、高汤、水淀粉、香油、色拉油各适量。

☞ 原 料 豇豆300克, 豆腐干200克。

☞ 调 料 葱段、姜片、蒜末各10克, 精盐、味精、胡椒粉各1/2小匙, 酱油1大匙, 香油2小匙, 水淀粉适量, 色拉油500克(约耗30克)。

香辣莴笋翅

口味 香辣鲜咸 ⏱ Time 25分钟

豆腐干炒豇豆

口味 鲜香脆嫩 ⏱ Time 15分钟

◉ **准备工作** Preparations

❶ 莴笋去根、去皮, 洗净, 切成滚刀块。

❷ 红尖椒去蒂、去子, 洗净, 切成一字条。

❸ 豆瓣酱、番茄酱、生抽、白糖、鸡精、高汤放入碗中调匀成味汁。

❹ 鸡翅中择洗干净, 放入沸水锅中焯烫一下, 捞出过凉, 沥净水分。

❺ 放入碗中, 加入少许精盐、绍酒、生抽拌匀, 腌渍入味。

◉ **制作步骤** Operations

❶ 坐锅点火, 加入色拉油烧至四成热, 下入鸡翅炸熟, 捞出沥油。

❷ 原锅留底油烧热, 下入姜片、葱段炝锅。

❸ 再放入莴笋块和红尖椒翻炒均匀。

❹ 烹入绍酒, 放入炸好的鸡翅炒匀。

❺ 然后倒入调好的味汁翻炒均匀, 用水淀粉勾芡, 淋入香油, 出锅装盘即可。

◉ **准备工作** Preparations

❶ 豇豆切去头尾, 洗净, 切成4厘米长小段。

❷ 锅置火上, 加入清水烧沸, 放入豇豆段焯透, 捞出沥干。

❸ 豆腐干洗净, 先平片成两半, 再切成粗丝。

❹ 锅置火上, 加入清水烧沸, 放入豆腐干丝焯透, 捞出沥水, 加入酱油拌匀。

❺ 锅置火上烧热, 加入色拉油烧至七成油, 下入豆腐干丝冲炸一下, 捞出沥油。

◉ **制作步骤** Operations

❶ 锅置火上, 加入少许色拉油烧热, 先下入葱段、姜片、蒜末炒香。

❷ 再放入豇豆段用旺火不断翻炒至均匀。

❸ 然后放入豆腐干丝, 转小火炒至熟透。

❹ 加入精盐、味精、胡椒粉炒至入味,

❺ 用水淀粉勾薄芡, 淋入香油炒匀, 即可出锅装盘。

火爆乳鸽

口味 香辣咸鲜 ⏰ Time 30分钟

1 蒜苗择洗干净，沥净水分，切成3厘米长的小段。

2 干红辣椒泡软，洗净，去蒂和子，切成1厘米大小的段。

3 乳鸽宰杀，烫去鸽毛，剁去鸽爪，去掉内脏和杂质，洗净。

4 放在案板上，剁成3厘米大小的块，放入碗中。

5 加入精盐、酱油、绍酒拌匀，腌渍15分钟，再加入淀粉拌匀。

◎ 原 料 乳鸽3只(约550克)，蒜苗25克，干红辣椒10克。

◎ 调 料 花椒5粒，精盐、味精、淀粉、酱油、绍酒各少许，红油、豆瓣酱各1大匙，色拉油适量。

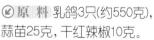

◎ 制作步骤 *Operations*

1 锅中加油烧至七成热，放入乳鸽块炸至熟脆，捞出沥油。

2 锅中加入红油烧热，下入干红辣椒段和花椒炒出香味。

3 放入乳鸽块翻炒，加入精盐、酱油、绍酒、豆瓣酱炒匀。

4 调入味精，撒上蒜苗段快速翻炒均匀，出锅装盘即成。

水产

Shuichan 家常熘炒菜

双耳爆敲虾

口味 鲜香清爽 | ⏱ Time 25分钟

1 黑木耳、银耳用清水泡软，去掉根蒂，洗净，撕成小朵。

2 锅中加入清水烧沸，放入木耳、银耳焯透，捞出沥水。

3 将草虾洗净，去掉虾头，剥去外壳，留虾尾。

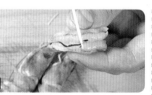

4 放在案板上，从背部剖开，去除沙线，从中间片成两片。

5 放入碗内，加上少许精盐和绍酒拌匀，腌渍10分钟。

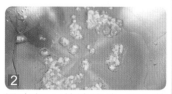

6 取出用擀面杖边敲边撒上淀粉，敲至原来体积的2倍大。

🍀 **原料** 草虾10只，芥蓝片25克，黑木耳、银耳各5克。

🍀 **调料** 葱末、姜末各10克，精盐、绍酒各1小匙，味精1/2小匙，淀粉3大匙，水淀粉1大匙，葱油5小匙。

🌸 制作步骤 *Operations*

1 锅中加入清水烧沸，放入草虾焯烫至熟，捞出沥干。

2 锅中加入葱油烧热，下入葱末、姜末炒香。

3 放入芥蓝片、草虾、黑木耳、银耳翻炒均匀。

4 加入精盐、味精调味，用水淀粉勾薄芡，出锅装盘即可。

碧绿鱼片 口味 滑嫩 鲜香 ⏰ Time 25分钟

原 料 加吉鱼肉200克，胡萝卜50克，香菇5个，绿竹笋40克，油菜25克。

调 料 精盐、鸡精各1/4大匙，米酒1/2大匙，香油1小匙，水淀粉2小匙，色拉油260克。

◎ 准备工作 Preparations

❶ 加吉鱼肉洗净，擦净水分，片成大片。

❷ 放入碗中，加入少许米酒和精盐拌匀。

❸ 胡萝卜去根、去皮，洗净，切成小片。

❹ 香菇去蒂、泡软；绿竹笋去根，削去外皮，洗净，切成片。

❺ 油菜去根和老叶，洗净，放入沸水中焯熟，捞出沥干。

◎ 制作步骤 Operations

❶ 锅置火上，加入色拉油烧至五成热，放入加吉鱼片滑至变色，捞出沥油。

❷ 锅留底油烧热，放入香菇、胡萝卜、绿竹笋炒熟。

❸ 再放入鱼片轻轻翻炒均匀，下入油菜快速翻炒片刻。

❹ 加入精盐、鸡精、米酒、香油炒匀，用水淀粉勾芡，出锅装盘即可。

三色鱼丝 口味 滑嫩 咸鲜 ⏰ Time 20分钟

原 料 黑鱼肉、鸡蛋清各适量。

调 料 淀粉、吉士粉、番茄汁、芡汁、色拉油各适量。

◎ 准备工作 Preparations

❶ 黑鱼肉放入淡盐水中浸泡、洗净，捞出擦净表面水分。

❷ 先片成大薄片，再切成丝，均分成3份。

❸ 取一份鱼肉丝，拍上淀粉和吉士粉，放入热油锅内炸至浅黄色，捞出。

❹ 待油温升至八成热时，再放入鱼肉丝炸至金黄色，捞出装入盘中一侧。

◎ 制作步骤 Operations

❶ 把剩余的两份鱼肉丝下入热油锅中滑熟，捞出沥净油分。

❷ 炒锅置火上，加入番茄汁翻炒至沸，倒入一半的鱼肉丝炒匀，出锅装入盘中另一侧。

❸ 净锅复置旺火上，倒入芡汁炒至浓稠，放入剩余的鱼肉丝炒匀，出锅装在盘中间即可。

口味 软嫩 鲜咸

Time 15分钟

滑炒鱼片

原料 净鲤鱼肉400克,胡萝卜25克,鸡蛋清2个。

调料 葱花、姜丝、蒜片各少许,胡椒粉、精盐、味精各1/3小匙,绍酒1大匙,淀粉、鲜汤、猪油各适量。

准备工作 Preparations

❶ 净鲤鱼肉洗净,擦净表面水分,片成薄片,放入碗内。

❷ 加入鸡蛋清、少许精盐、胡椒粉、淀粉调拌均匀上浆。

❸ 胡萝卜去根和皮,洗净,切成片,放入沸水锅内焯烫一下,捞出沥水。

❹ 精盐、味精、胡椒粉、鲜汤、水淀粉放入碗内调匀成芡汁。

制作步骤 Operations

❶ 锅置火上,放入熟猪油烧至四成热,下入鱼肉片滑散,捞出沥油。

❷ 原锅留少许底油,复置旺火上烧热,下入葱花、姜丝和蒜片炝锅。

❸ 再放入胡萝卜片略炒片刻,然后烹入绍酒,用旺火快速翻炒均匀。

❹ 倒入滑好的鱼肉片稍炒,淋入芡汁炒匀,出锅装盘即可。

西芹鳝片

口味 鲜香 软嫩

Time 20分钟

原料 净鳝鱼肉、西芹各200克。

调料 葱末、姜末、蒜末各5克,精盐、味精、生抽、白糖、胡椒粉各适量,绍酒、水淀粉各1大匙,色拉油2大匙。

准备工作 Preparations

❶ 西芹去根和叶,洗净,沥净水分。

❷ 切成菱形小块,加入少许精盐拌匀。

❸ 净锅置火上,加入清水烧沸,放入西芹块焯烫一下,捞出过凉、沥水。

❹ 鳝鱼肉放在容器内,加入少许淀粉和绍酒拌匀,腌渍10分钟。

❺ 取出鳝鱼肉,切成长片,再放入沸水中快速焯烫一下,捞出沥干。

制作步骤 Operations

❶ 净锅置火上,加入色拉油烧至六成热,先下入葱末和姜末炒出香味。

❷ 再放入西芹块和鳝鱼片,用旺火快速翻炒均匀,烹入绍酒稍炒。

❸ 然后加入精盐、味精、生抽、白糖、胡椒粉炒至熟烂入味。

❹ 撒上蒜末炒出香味,用水淀粉勾薄芡,即可出锅装盘。

◉ 原 料 活龙虾2只(约1000克),西蓝花250克,胡萝卜片、芦笋段、西芹段、腰果仁各100克。

◉ 调 料 葱花、姜丝、精盐、味精、胡椒粉、生抽、上汤、色拉油各适量。

◉ 原 料 龙虾1只(约750克),夏果40克,冬笋丁、芹菜丁各25克。

◉ 调 料 葱末、姜末、精盐、味精、白糖、绍酒、水淀粉、香油各适量,清汤75克,色拉油500克(约耗75克)。

三色**龙虾**

口 味
鲜香
滑嫩　Time 30分钟

口 味
鲜咸
脆嫩　Time 20分钟

夏果**龙虾**

◉ 准备工作 Preparations

❶ 龙虾宰杀,剥去外壳,取净龙虾肉洗净,用刀背剁烂,放在大碗内。

❷ 先加入精盐调拌均匀,再放入葱花、姜丝、味精、胡椒粉、生抽拌匀,腌渍入味。

❸ 保留1个完整的龙虾头、龙虾尾待用。

◉ 制作步骤 Operations

❶ 龙虾头、尾和西蓝花一起放入盛有上汤的锅内焯烫至熟。

❷ 捞出龙虾头和龙虾尾,放在盘子的两边,西蓝花放在盘边装饰。

❸ 锅中加油烧至六成热,下入龙虾肉煸炒出香味,放入胡萝卜片、芦笋段、西芹段,用旺火快速翻炒均匀。

❹ 加入精盐、少许上汤和味精炒匀,撒上腰果仁,出锅盛入盘中,摆成虾身即可。

◉ 准备工作 Preparations

❶ 将筷子从龙虾尾部插入肛门放尿,再把龙虾放入淡盐水中浸泡、洗净。

❷ 取出去虾头、虾尾,剥去外壳,取肉洗净。

❸ 切成1厘米大小的丁,放入碗内,加入少许精盐、绍酒和水淀粉调拌均匀,腌渍片刻。

❹ 精盐、绍酒、味精、白糖、清汤和水淀粉放另一碗内调成芡汁。

◉ 制作步骤 Operations

❶ 锅中加油烧至三成热,下入夏果略炸,捞出。

❷ 待油温升至五成热时,放入龙虾肉冲炸一下,再放入冬笋丁、芹菜丁快速滑油,捞出沥油。

❸ 锅留底油烧热,下入葱末、姜末炒香。

❹ 再放入龙虾肉、冬笋丁、芹菜丁、芡汁、夏果炒匀,淋入香油,出锅装盘即成。

油爆鱼仁

口味
咸鲜
滑嫩

⏱ Time
15分钟

1 红椒去蒂和子,洗净,切成1厘米宽的条。

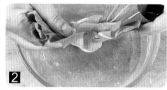

2 青菜心去根和老叶,洗净、沥水,切成小段。

3 碗中加入精盐、味精、水淀粉、绍酒和清水调成芡汁。

6 放入碗中,加入精盐、味精、料酒拌匀,腌渍一会儿。

4 墨鱼肉用清水浸泡、洗净,取出擦净表面水分。

5 放在案板上,切成筷子粗细的长方条。

🔖 **原 料** 净墨鱼肉300克,青菜心、红椒各25克。

🔖 **调 料** 葱花、姜末、蒜片、味精各少许,精盐、绍酒、香油各1小匙,水淀粉3大匙,色拉油500克(约耗40克)。

制作步骤 Operations

1 锅中加入清水烧沸,下入鱼条焯烫一下,捞出沥水。

2 锅加底油烧热,下入葱花、姜末、蒜片炒香。

3 放入红椒、青菜心和墨鱼条翻炒均匀。

4 烹入调好的芡汁炒匀,淋入香油,出锅装盘即成。

竹香**鳕鱼粒**

◉ 原 料 银鳕鱼300克，萝卜干、青豆、火腿各50克，粽叶6张。

◉ 调 料 精盐、味精、鸡精、水淀粉各少许，色拉油适量。

◉ 准备工作 *Preparations*

❶ 银鳕鱼去皮，洗净，切成2厘米大小的丁。

❷ 放在碗内，加入少许精盐、味精、鸡精拌匀，再加入少许水淀粉拌匀上浆。

❸ 萝卜干放入清水中漂洗以去掉部分盐分，取出沥水，切成丁。

❹ 火腿洗净，上屉蒸熟，取出切成小丁。

❺ 粽叶用温水洗净、沥水，卷成喇叭形。

 口味 鲜咸脆嫩 ⏱ Time 20分钟

◉ 制作步骤 *Operations*

❶ 净锅置火上，加入色拉油烧至六成热，先下入鳕鱼丁冲一下。

❷ 再放入青豆、萝卜干丁、火腿丁快速滑散，一起捞出沥油。

❸ 锅置火上烧热，加入少许清水、精盐、味精、鸡精烧沸。

❹ 放入鳕鱼丁、青豆、萝卜干丁、火腿丁，快速翻炒均匀。

❺ 用水淀粉勾薄芡，出锅分装于粽叶内即成。

芙蓉**银鱼**

 口味 软嫩鲜滑 ⏱ Time 15分钟

◉ 原 料 银鱼200克，鸡蛋清4个。

◉ 调 料 精盐、味精、鸡精、白糖、淀粉、绍酒各少许，水淀粉适量，鲜汤3大匙，色拉油100克(约耗40克)。

◉ 准备工作 *Preparations*

❶ 银鱼洗涤整理干净，捞出沥去水分。

❷ 锅置火上，加入清水和少许绍酒烧沸，放入银鱼焯至断生，捞出沥干。

❸ 鸡蛋清放入大碗中，先加入少许精盐充分搅拌均匀。

❹ 再加入味精、鸡精和淀粉搅匀成发泡状。

◉ 制作步骤 *Operations*

❶ 锅置火上，加入色拉油烧至四成热，用小勺舀入鸡蛋清炸制。

❷ 待鸡蛋清呈白色片状时，捞出沥去油分，放在大盘内。

❸ 另取一净锅，添入鲜汤，加入精盐、绍酒、味精、鸡精、白糖烧沸。

❹ 撇去表面浮沫和杂质，放入银鱼和鸡蛋清轻轻推炒入味。

❺ 用水淀粉勾薄芡，淋入少许明油，出锅装盘即可。

西芹墨鱼丝

原 料 鲜墨鱼200克，西芹100克，红椒30克，鸡蛋清1个。

调 料 精盐、鸡精、白糖、淀粉、绍酒各1/3小匙，味精1/2小匙，水淀粉适量，色拉油3大匙。

● 准备工作 Preparations

❶ 鲜墨鱼撕去筋膜，去掉内脏和杂质，用清水洗净，沥去水分。

❷ 切成长5厘米的丝，放入碗内，加入少许精盐、味精、鸡蛋清、淀粉拌匀，腌渍片刻。

❸ 西芹去根和叶，洗净，沥水，切成小段。

❹ 红椒去蒂、去子，洗净，切成细丝。

口味 滑嫩鲜咸
Time 20分钟

● 制作步骤 Operations

❶ 锅置火上，加入清水烧沸，放入西芹段和红椒丝焯至断生，捞出过凉、沥水。

❷ 净锅置火上，加入色拉油烧至五成热，下入墨鱼丝快速炒散。

❸ 再烹入绍酒，加入少许精盐、味精、白糖炒拌均匀。

❹ 然后放入西芹段、红椒丝炒匀，用水淀粉勾芡，出锅装盘即成。

碧螺虾仁

口味 软嫩清香
Time 15分钟

原 料 虾仁400克，碧螺春茶叶10克，鸡蛋清1个。

调 料 精盐1/2小匙，绍酒2小匙，淀粉2大匙，色拉油适量。

● 准备工作 Preparations

❶ 虾仁去除虾线，放入淡盐水中浸泡、洗净，捞出沥干。

❷ 放入碗内，加入少许精盐、鸡蛋清和淀粉拌匀上劲。

❸ 碧螺春茶叶放入茶杯中，倒入沸水沏成茶水，滗去茶水。

❹ 再倒入适量的沸水沏成茶汁，取出茶叶，茶汁过滤待用。

● 制作步骤 Operations

❶ 锅中加入色拉油烧至五成热，下入虾仁滑散至呈乳白色时，倒入漏勺沥油。

❷ 净锅复置旺火上，倒入碧螺春茶汁（约50毫升）烧煮至刚沸。

❸ 加入精盐、绍酒搅匀，再放入滑好的虾仁翻炒均匀。

❹ 然后撒上少许碧螺春茶叶翻炒均匀，出锅装盘即成。

⊙ 原 料 河蟹4只，韭黄段、红干椒段各适量，乌冬面1束。

⊙ 调 料 葱段、姜丝、精盐、味精、白糖、淀粉、辣椒酱、绍酒、黄油、色拉油各适量。

⊙ 原 料 河虾仁300克，菠菜250克。

⊙ 调 料 葱花、姜末各5克，精盐1小匙，胡椒粉、味精各少许，清汤3大匙，色拉油1500克（约耗100克）。

河蟹炒乌冬面

口味
鲜辣
浓香

🕐 Time
20分钟

口味
嫩滑
鲜香

🕐 Time
20分钟

翡翠虾仁

● 准备工作 Preparations

❶ 河蟹刷洗干净，去掉鳃等杂质，剁成大块，放在大碗内。

❷ 加入少许精盐、味精、绍酒拌匀，略腌片刻，再沾上淀粉。

❸ 乌冬面入沸水锅内煮透，捞出用冷水过凉，沥净水分。

● 制作步骤 Operations

❶ 锅中加入色拉油烧热，放入河蟹块炸至呈金红色时，捞出沥油。

❷ 净锅复置火上烧热，加入适量黄油，先下入葱段、姜丝和红干椒段炝锅。

❸ 再烹入绍酒，加入辣椒酱、白糖、精盐、味精，添入少许清汤烧沸。

❹ 撇去浮沫，下入乌冬面用旺火翻炒片刻。

❺ 然后放入河蟹块、韭黄段翻炒均匀，淋入明油，即可出锅装碗。

● 准备工作 Preparations

❶ 河虾仁去除虾线，洗净，捞出、沥水。

❷ 用洁布包裹虾仁轻轻攥干水分，放入碗中。

❸ 加入少许姜末、精盐、胡椒粉和水淀粉拌匀上浆。

❹ 菠菜去根和老叶，洗净，放入打汁机中搅打成菜汁。

● 制作步骤 Operations

❶ 净锅置火上，加入色拉油烧至六成热，下入河虾仁滑炒1分钟，捞出沥油。

❷ 原锅留少许底油，复置旺火上烧热，先下入葱花、姜末炒香。

❸ 再添入清汤、菠菜汁，加入精盐、胡椒粉、味精烧开，撇去浮沫。

❹ 然后放入河虾仁炒至入味，用水淀粉勾薄芡，淋入明油，出锅装盘即成。

虾仁炒鲜奶

口味
鲜香
软滑

Time
20分钟

◎ 原 料 虾仁200克，牛奶150克，鸡蛋清100克，熟火腿末50克，青豆25克。

◎ 调 料 精盐、鸡精、绍酒、水淀粉、清汤、熟猪油各适量。

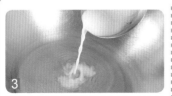

◎ 准备工作 Preparations

1 青豆用清水洗净，放入沸水锅内焯透，捞出沥水。

2 牛奶倒入碗中，加入精盐、鸡精、水淀粉调拌均匀。

3 锅中放熟猪油烧热，倒入牛奶炒至定浆、呈云朵状时盛出。

4 虾仁去掉虾线，洗净、沥干，放入碗内。

5 加入少许精盐、鸡精、绍酒、鸡蛋清和水淀粉抓匀上浆。

◎ 制作步骤 Operations

1 锅中加油烧至四成热，下入上浆的虾仁滑透，捞出沥油。

2 净锅复置火上，加入清汤、精盐、绍酒烧沸。

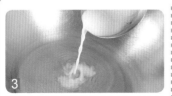

3 再加入鸡精轻轻炒匀，用水淀粉勾薄芡。

4 倒入炒好的鲜奶、虾仁、青豆翻炒均匀。

5 出锅装入盘内，撒上熟火腿末即可。

炒虾片

口味 滑嫩 鲜香

Time 15分钟

◉ 原 料 对虾4只，净冬笋30克，水发冬菇20克，青豆20粒，鸡蛋清半个。

◉ 调 料 葱末、姜末、味精各少许，精盐1小匙，绍酒1/2大匙，水淀粉1大匙，清汤适量，色拉油600克(约耗50克)。

◉ 准备工作 Preparations

❶ 对虾去虾头、虾壳，从脊部片开，去掉沙线，洗净，捞出沥水，片成大片。

❷ 放入碗内，加入鸡蛋清、少许精盐、水淀粉拌匀并腌渍片刻。

❸ 水发冬菇去蒂，净冬笋洗净，分别切成薄片。

❹ 清汤、味精、绍酒、精盐、适量水淀粉放入碗内调成芡汁。

◉ 制作步骤 Operations

❶ 锅中加入色拉油烧至六成热，放入虾片滑散、滑透，捞出沥油。

❷ 锅留底油烧热，下入葱末、姜末炸香。

❸ 再放入冬菇片、冬笋片、青豆翻炒均匀。

❹ 然后放入滑好的虾片略炒，烹入芡汁翻炒均匀，出锅装盘即可。

焦炒鱼片

口味 甜酸 脆嫩

Time 20分钟

◉ 原 料 净鱼肉300克，鸡蛋1个，青椒块、红椒块各少许。

◉ 调 料 葱段、蒜片、姜末各少许，精盐、味精各1/3小匙，淀粉、绍酒、酱油各1大匙，香油、白糖各1/2大匙，白醋1小匙，色拉油1000克(约耗75克)。

◉ 准备工作 Preparations

❶ 鱼肉洗净，擦净水分，切成"坡刀片"。

❷ 放入碗中，加入精盐、味精、绍酒码味。

❸ 鸡蛋放另一碗内，加入淀粉调匀成全蛋糊，再放入鱼片挂匀糊。

❹ 精盐、味精、酱油、白糖、鲜汤调成清汁。

◉ 制作步骤 Operations

❶ 净锅置火上，加入色拉油烧至七成热，下入鱼片炸至表皮稍硬。

❷ 捞出磕散，待油温升高后，再下入热油中炸透至呈金黄色时，捞出沥油。

❸ 锅留底油烧热，先下入葱段、姜末、蒜片炝锅出香味。

❹ 再放入炸好的鱼片、青椒块、红椒块，用旺火快速翻炒片刻。

❺ 然后烹入白醋、绍酒，加入清汁翻炒均匀，淋上香油，即可出锅装盘。

油爆青虾

😊 原 料 大青虾600克。

😊 调 料 葱花10克，姜末5克，精盐1/2大匙，味精、绍酒各1/2小匙，白糖4小匙，酱油2小匙，白醋1大匙，香油1小匙，色拉油200克。

口味 清香咸鲜 Time 20分钟

⚙ 准备工作 Preparations

❶ 大青虾剪去虾须、虾枪，放入清水中漂洗干净，捞出沥干。

❷ 放在容器内，先加入少许葱花和姜末调拌均匀。

❸ 再加入少许精盐、绍酒和味精拌匀，腌渍5分钟。

❹ 把剩余的精盐、绍酒放入碗内，加入白糖、酱油、味精调成味汁。

⚙ 制作步骤 Operations

❶ 净锅置火上，加入色拉油烧至六成热，放入青虾冲炸一下，捞出沥油。

❷ 锅留底油，复置旺火上烧至六成热，下入葱花、姜末炝锅。

❸ 倒入青虾快速翻炒均匀，再烹入少许绍酒炒拌均匀出香味。

❹ 然后烹入调好的味汁，加入白醋、香油炒匀，出锅装盘即成。

生爆鳝丝

口味 清鲜 微辣 Time 25分钟

😊 原 料 鳝鱼600克，芹菜段、泡红椒丝各50克，鸡蛋清2个。

😊 调 料 葱丝、姜丝、蒜末、精盐、味精、胡椒粉、白糖、白醋、绍酒、香油、熟猪油各适量，酱油5小匙，淀粉3大匙。

⚙ 准备工作 Preparations

❶ 鳝鱼宰杀，去头和内脏，洗净、沥水。

❷ 从脊背处片开后剔去骨头，切成细丝。

❸ 放在大碗内，加入少许精盐拌匀，再放入鸡蛋清和少许淀粉拌匀上浆。

❹ 芹菜去根和叶，洗净、沥水，切成小条。

❺ 绍酒、少许精盐、酱油、白糖、味精、水淀粉放入碗中调匀成芡汁。

⚙ 制作步骤 Operations

❶ 净锅置火上，放入熟猪油烧至六成热，下入鳝鱼丝滑透，捞出沥油。

❷ 原锅留少许底油，复置火上烧热，下入芹菜条和泡红椒丝稍炒。

❸ 再放入葱丝、姜丝、蒜末炒香，然后放入鳝鱼丝炒匀，烹入芡汁。

❹ 用旺火快速炒匀，淋入白醋、香油炒匀，撒上胡椒粉，出锅装盘即成。

◎ **原 料** 水发鱼肚150克,鸡胸肉100克,鸡蛋200克,鸡蛋清少许。

◎ **调 料** 葱段、姜片各20克,葱花4克,精盐、味精各1小匙,绍酒、水淀粉各2小匙,胡椒粉、香油各少许,色拉油150克,上汤1000克。

◎ **原 料** 蛏子头250克,青红辣椒100克,冬菇、冬笋各10克。

◎ **调 料** 葱花、蒜片各5克,精盐1小匙,味精1/2小匙,绍酒、香油各少许,水淀粉1大匙,清汤150克,色拉油400克。

鸡丝滑鱼肚

口味 软滑浓香　Time 20分钟

口味 鲜辣爽口　Time 15分钟

椒爆蛏头

◎ **准备工作** *Preparations*

❶ 水发鱼肚洗净,捞出沥水,切成小片。

❷ 鸡胸肉洗净、沥水,切成细丝,放入碗内,加入鸡蛋清、少许精盐和水淀粉拌匀上浆。

❸ 入四成热油锅中滑至断生,捞出沥油。

❹ 锅中加油烧热,先下入姜片和葱段爆香。

❺ 再烹入绍酒,添入上汤,放入鱼肚煨煮5分钟,捞出鱼肚沥干水分。

◎ **制作步骤** *Operations*

❶ 锅留底油烧热,放入鸡蛋液和鱼肚片稍炒。

❷ 再撒上葱花,加上少许精盐、味精,用中火慢炒至鸡蛋定浆,盛入盘中。

❸ 锅置旺火上,加入少许上汤、精盐、味精、胡椒粉烧沸,撇去浮沫和杂质。

❹ 放入鸡丝炒匀,用水淀粉勾芡,淋入香油,出锅盛在炒好的鸡蛋鱼肚上即成。

◎ **准备工作** *Preparations*

❶ 蛏子头去除杂质,洗净,捞出沥水。

❷ 青红辣椒去蒂和子,洗净、沥水,切成小条。

❸ 冬菇用温水浸泡至软,取出去蒂,切成小条;冬笋去根和皮,洗净,切成条。

❹ 一起放入沸水锅中焯烫一下,捞出沥水。

❺ 水淀粉、少许精盐、味精、清汤放在小碗内调匀成味汁。

◎ **制作步骤** *Operations*

❶ 锅置火上,加入色拉油烧至九成热,下入蛏子头冲炸一下,捞出沥油。

❷ 锅留底油烧至六成热,下入葱花、蒜片炒香。

❸ 再放入青红辣椒条、冬菇条和冬笋条炒出香味,烹入绍酒。

❹ 然后放入蛏子头炒匀,用水淀粉勾芡,淋入香油,出锅装盘即可。

1 冬笋、胡萝卜、冬菇、青椒、红椒分别洗净，均切成小片。

2 放入加有少许精盐和色拉油的沸水中焯烫一下，捞出沥水。

3 海螺肉洗涤整理干净，片成厚片，放入碗中。

5 锅中加油烧至四成热，放入螺片滑油至八分熟，倒出沥油。

锦绣响螺片

口味 咸鲜脆爽　Time 30分钟

◉ **原 料** 海螺肉250克，冬笋100克，青椒、红椒、胡萝卜、水发冬菇各50克。

◉ **调 料** 葱段20克，蒜蓉、姜末、白糖、胡椒粉、生抽、香油各少许，精盐1小匙，水淀粉1大匙，绍酒、姜汁酒各2小匙，色拉油3大匙。

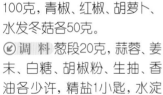
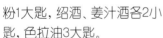

4 加入姜汁酒、葱段调拌均匀，腌渍15分钟。

1 锅置火上，加入少许色拉油烧热，下入蒜蓉、姜末炝锅。

2 放入青椒片、红椒片、冬菇片、冬笋片、胡萝卜片炒出香味。

3 再放入加工好的海螺片翻炒均匀。

4 烹入绍酒，加入精盐、白糖、胡椒粉、生抽调好口味。

5 用水淀粉勾薄芡，淋入香油，即可出锅装盘。

芦笋虾球

原料 虾仁400克，鲜芦笋6条。

调料 葱白、姜片、绍酒、玉米淀粉、精盐、白糖、鸡精、色拉油各适量。

准备工作 *Preparations*

❶ 虾仁从脊背处片开（注意不要片断），去掉沙线，洗净，沥水。

❷ 放入容器内，加上适量清水和少许精盐浸泡20分钟。

❸ 捞出沥水，在虾仁两面斜划两刀。

❹ 芦笋去根、去皮，洗净，沥净，切成小段。

❺ 精盐、白糖、玉米淀粉放在小碗内调拌均匀成芡汁。

口味 滑嫩鲜香 | **Time** 30分钟

制作步骤 *Operations*

❶ 锅中加油烧热，下入芦笋略炒，再加入精盐、鸡精用大火炒熟，盛入盘中。

❷ 锅再上火，加入适量色拉油烧热，下入虾仁滑炒至变色，捞出沥油。

❸ 锅中加入底油烧热，先下入姜片、葱白段炒香，再放入虾仁，烹入绍酒炒匀。

❹ 拣出葱、姜，然后倒入芡汁翻炒均匀，盛入装有芦笋的盘中即成。

炒海螺片

口味 鲜香爽脆 | **Time** 20分钟

原料 海螺750克，香菜50克。

调料 葱花、姜丝、绍酒、花椒水、精盐、色拉油各少许，淀粉适量。

准备工作 *Preparations*

❶ 海螺敲碎外壳，取出海螺肉，去掉杂质，放入淡盐水中浸泡片刻。

❷ 捞出海螺，再换清水洗净，沥去水分，切成薄片。

❸ 净锅置火上，加入清水烧沸，放入海螺片焯烫至透，捞出、沥水。

❹ 香菜去根和老叶，洗净，沥净水分，切成小段。

制作步骤 *Operations*

❶ 净锅置火上，加入色拉油烧至六成热，先下入葱花、姜丝炝锅。

❷ 再烹入绍酒，放入海螺片，用旺火快速翻炒片刻。

❸ 然后加入精盐、花椒水炒匀，用水淀粉勾薄芡。

❹ 最后淋入少许烧热的明油，撒上香菜段，即可出锅装盘。

葱姜炒蟹

🔁 **原 料** 飞蟹2只(约400克)。

🔁 **调 料** 葱段、姜片各30克, 精盐、胡椒粉、香油、面粉各适量, 色拉油750克(约耗75克)。

◎ **准备工作** Preparations

❶ 飞蟹放在大盆内, 加入清水、少许精盐和色拉油搅拌均匀, 静养片刻。

❷ 捞出飞蟹, 换清水洗涤整理干净, 沥去水分, 剁成大块。

❸ 放在大碗内, 加入少许精盐和胡椒粉拌匀, 再沾匀干面粉。

◎ **制作步骤** Operations

❶ 净锅置火上, 加入色拉油烧至五成热, 放入飞蟹块冲炸一下, 捞出。

❷ 待油温升至八成热时, 再放入飞蟹块炸至呈金黄色时, 捞出沥油。

❸ 原锅留少许底油, 复置火上烧热, 先下入葱段和姜片煸炒出香味。

❹ 再放入飞蟹块快速翻炒片刻, 添入适量清水烧沸。

❺ 然后加入少许精盐、胡椒粉调好口味, 用旺火炒至熟嫩入味。

❻ 最后淋入香油并炒拌均匀, 出锅装盘即成。

口味 酥香 鲜嫩　**Time** 20分钟

粉丝炒飞蟹

口味 鲜香 嫩滑　**Time** 25分钟

🔁 **原 料** 飞蟹1只, 粉丝1束, 洋葱、红椒各适量。

🔁 **调 料** 姜丝、鹰粟粉、黑椒汁、蚝油、鲜露、鸡汁、绍酒、色拉油各少许。

◎ **准备工作** Preparations

❶ 飞蟹洗涤整理干净, 捞出沥水, 剁成大块。

❷ 放在大碗内, 均匀地撒上一层鹰粟粉。

❸ 粉丝用清水浸泡至软, 捞出沥去水分, 用剪刀剪成小段。

❹ 洋葱去根, 剥去外层老皮, 用清水洗净, 擦净水分, 切成丝。

❺ 红椒去蒂和子, 洗净、沥水, 切成细丝。

◎ **制作步骤** Operations

❶ 锅中加入色拉油烧至七成热, 放入飞蟹块炸透, 倒入漏勺沥油。

❷ 锅留少许底油, 复置火上烧热, 先下入洋葱丝、姜丝、红椒丝爆香。

❸ 再放入飞蟹块迅速翻炒均匀, 然后放入粉丝煸炒片刻。

❹ 加入黑椒汁、蚝油、鲜露、鸡汁快速炒匀, 烹入绍酒, 出锅装盘即可。

◉原 料 油螺2个(约500克)，黄瓜50克，马蹄、熟芝麻各25克。

◉调 料 精盐、花椒粉各少许，白糖、米醋各1大匙，酱油、香油、辣椒油、色拉油各2小匙。

芝麻油螺片

口味
鲜脆
微辣

Time
15分钟

◉原 料 净海蚌肉250克，芹菜200克，红椒、香菇各适量。

◉调 料 蒜末、姜末、精盐、胡椒粉、生抽、蚝油、绍酒、水淀粉、高汤、香油、色拉油各适量。

口味
咸鲜
脆嫩

Time
25分钟

油爆海蚌

◉ **准备工作** Preparations

❶ 油螺敲破螺壳，取出螺肉，去肠，放入淡盐水中浸泡片刻，再换水洗净，切成小片。

❷ 黄瓜去皮、洗净，沥去水分，切成菱形小片。

❸ 马蹄去皮、洗净，切成小片，放入沸水中焯烫一下，捞出沥水。

◉ **制作步骤** Operations

❶ 锅置火上，加入清水烧沸，放入油螺片快速焯烫一下，捞出冲凉，沥干水分。

❷ 锅置旺火上，加入色拉油烧热，放入油螺片、黄瓜片和马蹄片快速翻炒片刻。

❸ 再加入酱油、精盐、白糖、米醋、花椒粉炒拌均匀。

❹ 然后淋上香油和辣椒油，撒上熟芝麻炒匀，出锅装盘即可。

◉ **准备工作** Preparations

❶ 海蚌肉洗净，入沸水中余烫一下，捞出沥水。

❷ 放入大碗中，加入精盐、胡椒粉和少许水淀粉拌匀，腌渍15分钟。

❸ 芹菜去根和叶，洗净，切成丁；红椒去蒂和子，洗净，也切成丁。

❹ 一起放入沸水锅中焯烫一下，捞出沥水。

❺ 香菇用温水浸泡至软，去蒂、洗净，轻轻攥干水分，切成丁。

◉ **制作步骤** Operations

❶ 锅置火上，加入少许色拉油烧至六成热，先下入姜末炒出香味。

❷ 再放入海蚌肉，烹入绍酒略炒，盛入盘中。

❸ 锅中加入色拉油烧热，先下入芹菜丁、红椒丁、香菇丁、蒜末稍炒。

❹ 再加入蚝油、生抽、高汤和香油炒匀，用水淀粉勾芡，出锅盛在海蚌肉上即可。

1 青椒、红椒分别去蒂和子，洗净、沥水。

2 先切成长条状，再改刀切成小块。

3 大葱、姜块、蒜瓣分别洗净，均切成细末。

6 锅内加水烧沸，放入蛤蜊煮至开壳、捞出，用原汤冲净。

辣炒蛤蜊

口味 咸鲜嫩滑　⏱ Time 25分钟

4 蛤蜊放入清水盆内，加入几滴食用油浸泡，使其吐净泥沙。

5 用刷子将蛤蜊壳刷洗干净，再换清水漂洗干净。

◉ **原 料** 活蛤蜊400克，青椒、红椒各50克。

◉ **调 料** 大葱、姜块、蒜瓣、辣椒酱、白糖、胡椒粉、绍酒、酱油、白醋、色拉油、香油各适量。

◎ **制作步骤** *Operations*

1 锅置火上，加入色拉油烧热，下入葱末、姜末、蒜末炝锅。

2 加入辣椒酱略炒，再放入青椒块和红椒块炒匀。

3 然后加入绍酒、白醋、酱油、白糖、胡椒粉调好口味。

4 放入蛤蜊快速翻炒至熟，淋入香油炒匀，出锅装盘即成。

油爆鲜贝

口味 清香软嫩

Time 20分钟

原料 鲜贝400克，冬笋、鲜口蘑各25克，熟青豆15克，鸡蛋清1个。

调料 葱白末10克，精盐、味精各1/2小匙，绍酒1小匙，鸡油1/2大匙，水淀粉3大匙，清汤5大匙，色拉油500克(约耗75克)。

准备工作 Preparations

❶ 鲜贝洗净，用洁布包裹轻轻挤去水分，片成0.3厘米厚的圆片，焯水、捞出。

❷ 放入沸水中快速焯烫一下，捞出沥水。

❸ 放入碗内，加入鸡蛋清、水淀粉、精盐拌匀上浆。

❹ 冬笋、鲜口蘑去除杂质，洗净、沥水，均切成小丁。

❺ 清汤、精盐、味精、水淀粉调匀成味汁。

制作步骤 Operations

❶ 锅中加油烧至七成热，下入鲜贝滑油，捞出沥油。

❷ 锅留底油烧热，下入葱末煸炒出香味。

❸ 再放入冬笋丁、鲜口蘑丁和熟青豆略炒，烹入绍酒，放入鲜贝炒匀。

❹ 烹入味汁，淋上鸡油，出锅装盘即可。

香辣河蟹芸豆

口味 咸鲜香辣

Time 45分钟

原料 河蟹500克，芸豆400克，干辣椒50克。

调料 花椒15克，葱花、姜丝各5克，精盐、绍酒各1/2大匙，味精1小匙，淀粉3大匙，香辣油75克，色拉油1000克(约耗100克)。

准备工作 Preparations

❶ 河蟹刷洗干净，去掉蟹壳，剁成4块，放在大碗内。

❷ 加入少许精盐、绍酒、姜丝、葱花拌匀，腌渍30分钟。

❸ 芸豆去筋、洗净，切成5厘米长的段。

制作步骤 Operations

❶ 坐锅点火，加入色拉油烧热，把河蟹块滚上淀粉，入锅内冲炸一下，捞出。

❷ 待油温升至七成热时，再下入芸豆段炸熟，捞出沥油。

❸ 锅置火上烧热，加入香辣油烧至六成热，先下入干辣椒、花椒炸出香味。

❹ 再放入河蟹块和芸豆段，用旺火快速翻炒均匀并出香辣味。

❺ 然后加入少许精盐、味精翻炒至入味，出锅装盘即可。

鲜奶扇贝

◉ 原 料 扇贝肉300克,牛奶250克,鸡蛋清100克,西红柿2个。

◉ 调 料 精盐、鸡精、胡椒粉、淀粉、绍酒、清汤、鸡油、色拉油各适量。

◎ 准备工作 Preparations

❶ 扇贝肉放在容器内,加上少许淀粉和绍酒搓洗干净。

❷ 取出用清水中漂洗干净,轻轻攥干水分,放入碗中。

❸ 加入少许精盐、绍酒、牛奶和胡椒粉调拌均匀。

❹ 再加入鸡精、鸡蛋清(约25克)和淀粉上浆。

口味 软嫩鲜香　Time 15分钟

❺ 西红柿洗净,用沸水略烫,剥去外皮,切成荷花瓣状,围在盘边。

◎ 制作步骤 Operations

❶ 锅置火上,加入色拉油烧至四成热,放入鲜贝滑熟,捞出沥油。

❷ 净锅复置火上,添入清汤烧沸,先加入精盐、鸡精调好口味。

❸ 再放入滑熟的扇贝炒拌均匀,用水淀粉勾薄芡。

❹ 然后淋上烧热的熟鸡油,出锅装在盛有西红柿的盘内即可。

蛤仁炒茼蒿 口味 软嫩清香　Time 15分钟

◉ 原 料 蛤蜊1000克,茼蒿300克。

◉ 调 料 葱花、姜末、精盐、胡椒粉、香油、色拉油各适量。

◎ 准备工作 Preparations

❶ 蛤蜊放入清水盆内,加上少许色拉油调匀,静养片刻。

❷ 捞出蛤蜊,放入沸水锅内烫至开口,捞出用冷水过凉。

❸ 蛤蜊去掉外壳,剥出蛤仁,去掉杂质,再用烫蛤蜊的原汤洗净。

❹ 茼蒿去根和叶,用清水洗净,切成小段。

◎ 制作步骤 Operations

❶ 锅中加入清水烧沸,放入茼蒿段焯烫一下,捞出沥干。

❷ 净锅置火上,加入色拉油烧至六成热,先下入葱花炒出香味。

❸ 再放入茼蒿段和蛤仁,用旺火快速翻炒均匀且出香味。

❹ 加入精盐、胡椒粉调好口味,撒上姜末,淋入香油,出锅装盘、即可。

原　料　螺头肉300克，笋尖50克，水发木耳30克，青豆30粒，面粉适量。

调　料　葱末、姜末、精盐、绍酒、水淀粉、高汤、色拉油各适量。

油爆螺片

口味
脆嫩
鲜香

Time
30分钟

原　料　活蛤蜊500克，菠菜250克，鸡蛋4个。

调　料　葱花、姜末、精盐、胡椒粉、香油、色拉油各适量，蛤蜊汤5大匙。

口味
鲜香
嫩咸

Time
15分钟

蛤仁菠菜炒鸡蛋

◎ 准备工作 Preparations

❶ 螺头肉洗涤整理干净，沥去水分，片成薄片。

❷ 放在大碗内，加入少许精盐、绍酒和面粉拌匀，腌渍片刻。

❸ 笋尖去掉外壳，削去外皮，洗净，切成菱形片；水发木耳去蒂、洗净，撕成小块。

❹ 净锅置火上，加入清水烧沸，放入笋片和木耳块焯熟，捞出沥水。

❺ 高汤、精盐、少许绍酒和水淀粉放入碗内调匀成味汁。

◎ 制作步骤 Operations

❶ 锅中加入色拉油烧至五成热，放入螺片冲一下，迅速捞出。

❷ 原锅留底油烧沸，下入葱末、姜末炒香。

❸ 烹入绍酒，放入笋片和木耳块略煸，再放入螺片、青豆。

❹ 烹入味汁快速均匀，淋入明油，装盘即成。

◎ 准备工作 Preparations

❶ 活蛤蜊放入清水盆内刷洗干净，捞出沥水。

❷ 锅中加入清水烧沸，放入蛤蜊煮至开口，捞出，剥出蛤仁，用原汤洗净泥沙。

❸ 菠菜去根和老叶，用清水洗净，沥去水分，切成小段。

❹ 放入沸水锅内稍烫，取出用冷水冲凉，再攥干水分。

❺ 鸡蛋磕在大碗内，加入葱花、蛤蜊汤、精盐、胡椒粉调匀成蛋液。

◎ 制作步骤 Operations

❶ 锅置火上，加入色拉油烧至六成热，先下入鸡蛋液炒至八成熟。

❷ 再放入菠菜段翻炒均匀，然后放入焯烫好的蛤仁稍煸出鲜味。

❸ 撒入姜末炒匀，淋入烧热的香油稍炒，出锅装盘即成。

1 韭菜去根和老叶，洗净、沥水，切成寸段。

2 放入碗中，加入少许精盐拌匀，腌渍一下。

3 墨鱼仔先去除内脏和泥沙，再切下头部。

爆炒墨鱼仔

口味 咸香脆嫩 ⏱ Time 15分钟

◎原料 鲜墨鱼仔500克，嫩韭菜100克。

◎调料 葱段、蒜片各5克，精盐、绍酒各1小匙，味精少许，香油1/2小匙，水淀粉1大匙，色拉油500克（约耗30克）。

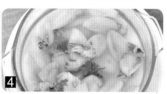

4 取出墨鱼仔头部内的黑墨和牙，用清水冲洗干净。

5 切成块，放入沸水锅中焯烫一下，捞出沥干。

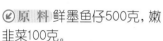

◎制作步骤 Operations

1 锅中加入色拉油烧热，放入墨鱼仔滑油，捞出沥油。

2 锅留少许底油烧热，下入葱段、蒜片炝锅。

3 再烹入绍酒，加入精盐和味精炒沸。

4 然后放入墨鱼仔和韭菜段，用旺火快速炒匀。

5 用水淀粉勾薄芡，淋入香油，出锅装盘即成。

海米香菇炒掐菜

🔖 **原 料** 豆芽250克，香菜30克，海米25克，香菇15克。

🔖 **调 料** 葱丝、姜丝、精盐、味精、胡椒粉、花椒油、香油各适量。

◉ **准备工作** Preparations

❶ 豆芽掐去两端，放入清水中漂洗干净，捞出沥净水分。

❷ 锅中加入清水和少许精盐烧沸，放入豆芽焯烫一下，捞出沥干。

❸ 香菇用温水泡软，去蒂、洗净，切成丝。

❹ 净锅置火上，加入清水烧沸，放入香菇丝略烫一下，捞出沥去水分。

口味 清香爽口 Time 15分钟

❺ 海米放入温水中泡软；香菜去根和老叶，洗净，切成小段。

◉ **制作步骤** Operations

❶ 净锅置旺火上，加入花椒油烧至六成热，先下入葱丝和姜丝炒香。

❷ 再放入豆芽和香菇丝，用旺火翻炒约2分钟至豆芽刚熟。

❸ 然后撒入海米翻炒均匀，加入精盐、味精调好口味。

❹ 最后撒上胡椒粉炒匀，淋入香油，出锅装盘即可。

辣炒田螺

口味 香辣鲜香　Time 25分钟

🔖 **原 料** 田螺500克，香菜50克，干红辣椒10克。

🔖 **调 料** 精盐、味精、鸡精、白糖、老抽、蒜蓉辣酱、绍酒、水淀粉、辣椒油各1小匙，色拉油少许。

◉ **准备工作** Preparations

❶ 田螺放入清水盆内，用刷子反复刷洗干净，再换清水洗净。

❷ 锅置火上，加入清水烧沸，放入田螺焯煮至熟，捞出沥干。

❸ 干红辣椒去根和子，洗净，切成小块；香菜择洗干净，切成3厘米长的小段。

◉ **制作步骤** Operations

❶ 净锅置火上，加入色拉油烧至六成热，先下入干红辣椒段炒香。

❷ 再放入田螺快速炒拌均匀，烹入绍酒，加入精盐炒匀。

❸ 然后加入白糖、蒜蓉辣椒和老抽炒出香辣味。

❹ 加入味精、鸡精翻炒均匀，用水淀粉勾芡。

❺ 淋入辣椒油，撒上香菜段炒匀，即可出锅装盘。

蜇皮炒掐菜

🐟 **原 料** 水发海蜇皮250克，绿豆芽200克，香菜75克。

🐟 **调 料** 葱丝、蒜片、精盐、味精、胡椒粉、绍酒、白醋、花椒油、香油各适量。

⚙ **准备工作** Preparations

❶ 水发海蜇皮放入清水中浸泡并洗净，捞出沥水，切成细丝，放入热水中略烫，捞出沥干。

❷ 绿豆芽去掉芽和根成掐菜，放入清水中漂洗干净，取出沥水。

❸ 香菜去根和老叶，用清水洗净，沥去水分，切成小段。

口味 嫩滑清香 ⏱ **Time** 30分钟

⚙ **制作步骤** Operations

❶ 净锅置火上，加入清水烧沸，放入绿豆芽焯烫一下，捞出沥干。

❷ 净锅置旺火上，加入花椒油烧至六成热，先下入葱丝、蒜片炒香。

❸ 再烹入绍酒，加入豆芽菜稍炒，然后放入海蜇丝快速翻炒。

❹ 加入精盐、味精炒匀，再烹入白醋，撒上胡椒粉。

❺ 放入香菜段炒匀，淋入香油，出锅装盘即成。

韭黄鲍鱼仔 **口味** 鲜嫩爽滑 ⏱ **Time** 25分钟

🐟 **原 料** 小鲍鱼20只，草菇、韭黄各100克。

🐟 **调 料** 葱段、姜片、蒜末各适量，精盐、绍酒各1小匙，味精1/2小匙，白糖少许，水淀粉2小匙，色拉油3大匙。

⚙ **准备工作** Preparations

❶ 小鲍鱼去掉外壳，除去内脏，放入清水中漂洗干净，捞出沥净水分。

❷ 放在案板上，用快刀从鲍鱼正面剞上浅十字花刀，再放入沸水中焯至断生，捞出沥干。

❸ 韭黄去根和老叶，用清水洗净，控净水分，切成小段。

❹ 草菇去蒂，洗净，切成小片，入沸水锅内焯烫一下，捞出沥水。

⚙ **制作步骤** Operations

❶ 坐锅点火，加入色拉油烧至七成热，先下入葱段、姜片、蒜末煸香。

❷ 再放入草菇片、鲍鱼，用旺火快速翻炒片刻，烹入绍酒。

❸ 然后加入精盐、味精、白糖炒匀，撒上韭黄段炒出香味。

❹ 用水淀粉勾薄芡，淋上少许明油，即可出锅装盘。

✔原　料 鲜百合500克，开洋（海米）25克。
✔调　料 精盐、鸡精、白糖、绍酒各1/3小匙、味精1小匙，水淀粉适量，鲜汤3大匙，香油2小匙，色拉油600克（约耗50克）。

开洋炒百合

口味 清香嫩滑　Time 50分钟

✔原　料 鲜鱿鱼250克，冬笋200克，水发鱿鱼150克，荷兰豆100克。
✔调　料 精盐、味精、胡椒粉、生抽、绍酒、淀粉、香油各适量。

口味 鲜嫩咸香　Time 20分钟

冬笋双鱿

◉ **准备工作** Preparations
❶ 开洋洗净，用温水浸泡30分钟，捞出沥水。
❷ 放在小碗内，加入少许精盐、绍酒、白糖调拌均匀。
❸ 百合去根和老皮，用清水洗净，沥去水分，切成菱形片，放入沸水中焯烫一下，捞出沥水。

◉ **制作步骤** Operations
❶ 蒸锅置火上，加入清水烧沸，放入开洋蒸5分钟，取出。
❷ 净锅置火上，加入色拉油烧至五成热，下入百合滑油至断生，捞出沥油。
❸ 锅复置旺火上烧热，滗入蒸开洋的原汁，加入鲜汤烧沸。
❹ 放入开洋和百合炒匀，再加入精盐、白糖、味精、绍酒、鸡精调好口味。
❺ 用水淀粉勾芡收汁，淋入香油，出锅装盘即成。

◉ **准备工作** Preparations
❶ 冬笋剥去外壳，去根、去皮，洗净，放入沸水锅中焯煮一下，捞出过凉，切成小片。
❷ 荷兰豆择去老筋，用清水洗净，沥去水分，切成小块。
❸ 水发鱿鱼洗净，先切菠萝纹，再切成小块。
❹ 鲜鱿鱼去外皮和内脏，用清水洗净，先在表面剞上菠萝纹，再切成块。
❺ 精盐、生抽、味精、胡椒粉、淀粉、香油放入小碗中调匀成芡汁。

◉ **制作步骤** Operations
❶ 净锅置火上，加入色拉油烧热，先下入姜片炒出香味。
❷ 再放入水发鱿鱼、鲜鱿鱼略炒，然后烹入绍酒炒匀。
❸ 倒入调好的芡汁炒匀出味，放入冬笋片和荷兰豆炒匀，即可出锅装盘。

芦笋炒海红

口味
咸鲜
脆嫩

⏱ Time 25分钟

🔅 **原 料** 海红150克,芦笋50克,胡萝卜、青红椒块各25克。

🔅 **调 料** 蒜蓉、姜末、葱段各少许,精盐、鸡粉、胡椒粉、绍酒、蚝油、水淀粉、色拉油各适量。

◎ **准备工作** *Preparations*

1 芦笋去根,刮去老皮,用清水洗净,切成小段。

2 胡萝卜削去外皮,洗净,先切成块,再切成菱形片。

3 锅加清水烧沸,放入芦笋和胡萝卜焯烫一下,捞出过凉。

4 海红用沸水焯熟,取出海虹肉,加入精盐腌渍15分钟。

5 用清水反复冲洗干净,捞出沥净水分。

◎ **制作步骤** *Operations*

1 锅中加入色拉油烧热,下入葱段、姜末、蒜蓉炒香。

2 放入青椒块、红椒块和海红肉爆炒片刻。

3 烹入绍酒,放入芦笋段和胡萝卜片略炒。

4 再加入精盐、鸡粉、蚝油、胡椒粉翻炒均匀。

5 用水淀粉勾薄芡,淋上香油,出锅装盘即成。

花卷鱿鱼

口味 酸甜鲜香

Time 20分钟

◉ **原 料** 鱿鱼、菠萝(罐头)各200克, 西红柿50克。

◉ **调 料** 葱白、蒜瓣、白糖、酱油、白醋、味精、水淀粉、熟猪油、香油各适量。

◉ **准备工作** Preparations

❶ 鱿鱼去掉内脏和外膜, 洗净, 捞出沥水, 在内侧剞上十字花刀, 再切成大块。

❷ 锅中加入清水烧沸, 放入鱿鱼块焯烫一下成鱿鱼卷, 捞出沥干。

❸ 西红柿去蒂、洗净, 切成小块; 菠萝也切成小块。

❹ 葱白洗净, 切成小段, 蒜瓣去皮、洗净, 切成末, 一起放入小碗中。

❺ 加入白糖、酱油、白醋、味精、水淀粉、香油拌匀, 调成芡料。

◉ **制作步骤** Operations

❶ 净锅置火上, 放入熟猪油烧至七成热, 先倒入芡料煮沸。

❷ 再放入鱿鱼卷, 用旺火快速翻炒几下, 离火。

❸ 把菠萝块和西红柿块码放在盘内, 中间放入炒好的鱿鱼卷即可。

口味唆螺

口味 鲜香微辣

Time 30分钟

◉ **原 料** 小田螺750克。

◉ **调 料** 姜末、蒜末、干椒末各20克, 苏叶15克, 葱花10克, 草果2个, 桂皮、孜然、花椒、香叶各3克, 精盐1小匙, 味精少许, 酱油、蚝油、料酒、香油各1大匙, 色拉油适量, 鲜汤200克。

◉ **准备工作** Preparations

❶ 小田螺放入清水中刷洗干净, 取出。

❷ 用钳子夹去小田螺的壳尖(便于菜肴入味), 再放入淡盐水中浸泡片刻。

❸ 锅置火上, 加入清水和料酒烧沸, 放入田螺略煮片刻, 捞出沥干。

❹ 苏叶洗净, 沥去水分, 切成碎末; 草果拍破。

◉ **制作步骤** Operations

❶ 锅置火上, 加入色拉油烧至六成热, 先下入蒜末、姜末略炒。

❷ 再放入干椒末、桂皮、香叶、草果、花椒和孜然炒出香辣味。

❸ 然后加入酱油、精盐、味精、蚝油和鲜汤烧沸, 放入田螺和料酒烧至汤汁浓稠。

❹ 撒上苏叶碎末, 放入葱花炒匀, 淋入香油, 即可出锅装盘。

芫爆鱿鱼卷

📍 **原 料** 鲜鱿鱼500克，香菜150克。

📍 **调 料** 葱丝、姜丝各10克，精盐、味精、胡椒粉各少许，绍酒1/2大匙。

◉ **准备工作** Preparations

❶ 鲜鱿鱼剥去外膜，去除内脏和杂质，放入清水中浸泡并洗净。

❷ 取出鲜鱿鱼，擦净表面水分，内侧朝上放在菜板上。

❸ 先在鱿鱼的表面剞上十字花刀，深度以切入原料的4/5为宜。

❹ 再把鱿鱼横切成大块，放入清水中浸泡片刻。

❺ 香菜去根和叶，洗净、沥水，切成长段。

❻ 精盐、味精、绍酒、胡椒粉和清水50克放入小碗内调成味汁。

◉ **制作步骤** Operations

❶ 锅置旺火上，加入清水烧沸，放入鱿鱼块焯烫成卷，捞出沥干。

❷ 净锅置旺火上烧热，先倒入调制好的味汁炒沸出香味。

❸ 再放入葱丝、姜丝、鱿鱼卷、香菜段炒匀，出锅装盘即可。

口味 软嫩鲜香　Time 15分钟

和味炒田螺

口味 鲜辣浓香　Time 2小时

📍 **原 料** 田螺500克。

📍 **调 料** 蒜瓣10克，葱花、姜末各5克，豆瓣辣酱、柱候酱各2小匙，老抽、味精各1小匙，白糖1/2小匙，胡椒粉、香油各少许，豆豉、绍酒、水淀粉各1大匙，上汤250克，色拉油100克。

◉ **准备工作** Preparations

❶ 田螺刷洗干净，放入清水盆内，加上几滴色拉油调匀。

❷ 待田螺吐净污泥和杂质后，取出田螺，用剪刀剪去螺尖，再用清水漂洗干净。

❸ 净锅置火上，加入清水烧沸，放入田螺焯烫一下，捞出沥干。

❹ 蒜瓣去皮、洗净，剁成蒜蓉；豆豉放入小碗内捣成蓉。

◉ **制作步骤** Operations

❶ 净锅置火上，加入色拉油烧至七成热，先下入蒜蓉、姜末和葱花炒香。

❷ 再加入豆豉蓉、豆瓣酱、柱候酱，烹入绍酒，添入上汤烧沸。

❸ 撇去浮沫和杂质，放入田螺用旺火烧沸，加入白糖和老抽炒至浓稠。

❹ 然后加入味精和胡椒粉，淋上香油，用水淀粉勾薄芡，出锅装盘即成。

原 料 海蜇皮500克，胡萝卜50克，香菜15克。

调 料 葱段、精盐、白糖、黄酒、白醋、水淀粉、香油、色拉油各适量。

香菜炒海蜇皮

口味
脆嫩
清香
⏱ Time
25分钟

原 料 新鲜墨鱼750克，香菜100克。

调 料 大葱、姜块各10克，味精、白胡椒粉各少许，精盐、香油各1/2小匙，绍酒1/2大匙。

口味
鲜香
嫩滑
⏱ Time
15分钟

芫爆墨鱼花

● **准备工作** Preparations

❶ 海蜇皮刮洗干净，放入清水盆内浸泡以去掉部分咸味。

❷ 捞出沥去水分，放在案板上卷成长卷，再切成细丝，放沸水中快速烫一下，取出沥水。

❸ 胡萝卜去根、去皮，洗净，切成细丝。

❹ 香菜去根和老叶，洗净，控净水分，切成3厘米长的小段。

● **制作步骤** Operations

❶ 净锅置火上，加入色拉油烧至四成热，先下入葱段炝锅出香味。

❷ 再放入胡萝卜丝快速翻炒均匀，烹入白醋稍炒。

❸ 然后加入精盐、白糖和黄酒烧沸，放入焯烫好的海蜇丝炒匀。

❹ 用水淀粉勾芡，撒入香菜段，淋入香油，出锅装盘即可。

● **准备工作** Preparations

❶ 墨鱼洗涤整理干净，捞出，放在菜板上。

❷ 在内侧每隔0.3厘米剞上麦穗花刀（以切入原料4/5为宜），再切成6厘米长、2.5厘米宽的块。

❸ 放入清水中，加入少许精盐和食用油拌匀。

❹ 香菜择洗干净，切成3厘米长的段。

❺ 精盐、味精、绍酒、白胡椒粉和清水50克放入碗内调匀成味汁。

❻ 大葱、姜块分别择洗干净，均切成细丝。

● **制作步骤** Operations

❶ 锅置旺火上，加入清水烧沸，放入墨鱼块略烫至卷成麦穗状，捞出沥水。

❷ 净锅置旺火上烧热，先倒入味汁烧沸，再放入葱丝、姜丝稍炒。

❸ 放入墨鱼卷、香菜段翻炒均匀，淋上香油，出锅装盘即可。

1 卷心菜剥去外层老帮,洗净,切成粗丝。

2 鲜红辣椒洗净,切成细丝;鸡蛋清放入碗中搅散。

3 虾蛄放入清水中刷洗干净,沥净水分,上屉蒸熟,取出。

卷心菜炒虾蛄

口味 咸鲜微辣　🕐 Time 25分钟

● **原 料** 虾蛄500克,卷心菜400克,鲜红辣椒25克,鸡蛋清3个。

● **调 料** 葱花5克,精盐、味精、鸡精各1小匙,清汤3大匙,色拉油1大匙。

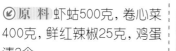

4 剪去头以及背壳的连接处,使上下两张皮完全脱离。

5 再将虾蛄的背壳轻轻揭掉,取出整个的虾蛄肉。

1 锅置火上,加入色拉油烧热,下入辣椒丝炒出香辣味。

2 放入卷心菜丝,用旺火快速翻炒均匀。

3 再加入老汤、精盐、味精、鸡精炒熟入味。

4 然后将虾蛄肉摆在卷心菜上,淋入鸡蛋清,转小火收汁。

5 待蛋清变白、汤汁收干时,撒上葱花,出锅装盘即成。

双白炒虾仁

☻ **原 料** 中虾6只，鲜百合100克，白果25克，鸡蛋清1个。

☻ **调 料** 葱花、姜末各15克，精盐、味精、绍酒、水淀粉、高汤、色拉油各适量。

◉ **准备工作** *Preparations*

❶ 中虾去除虾头，剥去虾壳、虾尾，用牙签挑去沙线，洗净，用洁布包裹轻轻擦干水分。

❷ 斜刀片成片，放入碗内，加入少许精盐、绍酒和鸡蛋清拌匀。

❸ 百合切去根，掰成小瓣，放入淡盐水中浸泡片刻，洗净、沥水。

❹ 白果去壳取肉，去掉胚芽，洗净、沥水。

口味 滑嫩清鲜　**Time** 25分钟

◉ **制作步骤** *Operations*

❶ 锅置火上，加入清水烧沸，放入白果和百合焯烫一下，捞出沥水。

❷ 净锅置火上，加入色拉油烧至六成热，先放入虾仁滑散至变色。

❸ 再下入葱花、姜末快速翻炒均匀，烹入绍酒炒出香味。

❹ 然后放入百合、白果炒匀，加入高汤、精盐、味精炒至刚沸。

❺ 用水淀粉勾薄芡，淋入明油，出锅装盘即可。

芒果脆鳝

口味 咸甜香浓　**Time** 20分钟

☻ **原 料** 活鳝鱼250克，芒果200克。

☻ **调 料** 精盐、绍酒、淀粉各适量，白糖2大匙，酱油2小匙，猪油1000克（约耗75克）。

◉ **准备工作** *Preparations*

❶ 鳝鱼宰杀，去除内脏和杂质，洗净，擦净表面水分，切成长段。

❷ 放入容器内，加入少许精盐、绍酒和淀粉拌匀，腌渍片刻。

❸ 净锅置火上，加入清水烧沸，放入鳝鱼段快速焯烫一下，捞出沥干。

❹ 芒果用清水洗净，剥去外皮，去掉果核，切成小条。

◉ **制作步骤** *Operations*

❶ 炒锅置火上，放入猪油烧至七成热，下入鳝鱼段炸至酥脆，捞出沥油。

❷ 原锅复置旺火上烧热，先加入少许清水烧煮至刚沸。

❸ 再放入白糖用小火熬至白糖汁冒泡，然后加入酱油、精盐和绍酒略炒。

❹ 放入鳝鱼段翻炒均匀，最后放入芒果条炒匀，出锅装盘即可。

芹菜炒蜇皮

原 料 海蜇皮200克, 芹菜2棵。

调 料 精盐、味精、胡椒粉、黄酒、色拉油各适量。

◎ 准备工作 Preparations

❶ 海蜇皮放入清水中反复漂洗并浸泡以去除咸腥气味。

❷ 取出海蜇皮, 擦净表面水分, 放在案板上卷成卷, 再切成细丝。

❸ 净锅置火上, 加入清水烧沸, 离火后放入海蜇丝略烫至海蜇丝收缩。

❹ 捞出放凉水中浸泡, 以使海蜇丝酥脆, 捞出沥水。

❺ 芹菜切去根, 去掉芹菜叶, 取嫩芹菜茎, 用清水洗净, 切成长段。

◎ 制作步骤 Operations

❶ 净锅置火上, 加入清水、少许精盐烧沸, 放入芹菜段焯烫一下, 捞出。

❷ 净锅复置火上, 加入色拉油烧至六成热, 先放入芹菜段煸炒片刻。

❸ 再放入海蜇丝用旺火快速翻炒均匀, 烹入绍酒炒匀。

❹ 然后加入精盐和味精调味, 撒上胡椒粉, 出锅装盘即可。

白炒河虾

口味 鲜香微辣 **Time 15分钟**

原 料 河虾500克, 红辣椒15克。

调 料 葱段、姜块各10克, 浅色酱油2大匙, 精盐、香油、色拉油各适量。

◎ 准备工作 Preparations

❶ 河虾放入清水盆内洗涤整理干净, 捞出沥干水分。

❷ 红辣椒去蒂和子, 洗净, 用洁布擦净表面水分, 切出细丝。

❸ 放入小碗中, 加入少许精盐拌匀。

❹ 锅置火上, 加入少许色拉油烧至九成热, 离火后趁热将热油浇在红椒丝上。

❺ 盖上盖后稍焖片刻, 再加入浅色酱油、香油调拌均匀成味汁。

◎ 制作步骤 Operations

❶ 净锅置火上, 加入色拉油烧至六成热, 先下入葱段和姜块煸香。

❷ 再添入适量清水 (或清汤) 烧沸, 拣去葱段和姜块不要。

❸ 然后加入精盐和河虾炒拌至软嫩入味, 捞出沥干, 装入盘中。

❹ 撒上加工好的红椒丝味汁调拌均匀, 淋上香油即可。

◉ 原 料 茼蒿500克，墨斗鱼250克，青椒、红椒各10克。

◉ 调 料 蒜末5克，精盐、味精、胡椒粉、香油各1小匙，水淀粉2小匙，色拉油3大匙。

茼蒿梗爆墨鱼

口味 鲜香微辣　Time 20分钟

◉ 原 料 田鸡腿、花生米、干红辣椒、鸡蛋清各适量。

◉ 调 料 葱末、姜末、精盐、味精、白糖、淀粉、酱油、花椒水、香油、色拉油各适量。

口味 香辣爽口　Time 25分钟

香辣田鸡腿

◎ **准备工作** Preparations

❶ 茼蒿切去老根，去掉菜叶，洗净，沥去水分，切成3厘米长的小段。

❷ 锅中加入清水烧沸，放入茼蒿段焯烫一下，捞出用冷水过凉，沥干。

❸ 青椒、红椒分别去蒂，洗净，切成细丝。

❹ 墨斗鱼撕去外皮，去除内脏，洗涤整理干净，切成大段。

❺ 净锅置火上，加入清水烧沸，放入墨斗鱼焯透，捞出冲凉。

◎ **制作步骤** Operations

❶ 坐锅点火，加入少许底油烧至六成热，先下入蒜末、青椒丝、红椒丝炒香。

❷ 再放入茼蒿段和墨斗鱼快速翻炒片刻，加入精盐炒匀。

❸ 然后加入味精、胡椒粉调好口味，勇水淀粉勾薄芡，淋上香油，即可出锅装盘。

◎ **准备工作** Preparations

❶ 田鸡腿剁去小爪，洗净，沥去水分。

❷ 放入碗内，加入精盐、味精拌匀，再加入鸡蛋清、淀粉抓匀挂糊。

❸ 辣椒去蒂及子，洗净，切1厘米见方的小片。

❹ 碗中加入少许精盐、酱油、味精、淀粉、花椒水、白糖调匀成味汁。

◎ **制作步骤** Operations

❶ 锅置火上，加入色拉油烧至四成热，放入花生米炸至熟脆，捞出晾凉。

❷ 待锅内油温升至七成热时，再放入田鸡腿滑散、滑透，捞出沥油。

❸ 锅留底油烧热，先下入葱末、姜末炝锅。

❹ 再放入辣椒片略炸，然后放入田鸡腿和花生米翻炒均匀。

❺ 烹入调好的味汁翻炒均匀，淋入香油，出锅装盘即可。

香葱爆炒虾

口味 咸香 鲜嫩

Time 30分钟

1 香葱去根和老叶,洗净,沥去水分,切成长段。

2 姜块去皮、洗净,切成小片;蒜瓣去皮、洗净,切成薄片。

3 鲜虾剪去虾须和虾足,从背部片开,去除沙线。

4 放入清水中浸泡、洗净,捞出沥水,放入碗中。

5 加入少许精盐和鱼露拌匀腌渍,再加入淀粉拌匀上浆。

● 原 料 活虾250克,香葱50克。

● 调 料 姜块、蒜瓣各10克,精盐、白糖、鱼露、清汤、色拉油各适量。

● 制作步骤 Operations

1 锅中加油烧至七成热,放入鲜虾炸至外皮酥脆,捞出沥油。

2 锅留底油烧热,下入姜片煸炒出香味,捞出不用。

3 放入香葱段、蒜片炒香,加入鲜露、清汤、精盐、白糖炒沸。

4 放入炸好的鲜虾快速翻炒至入味,出锅装盘即成。

木樨蛏子

口味 滑嫩 鲜香 · Time 25分钟

🔄 **原 料** 活蛏子500克，韭菜50克，鸡蛋4个，木耳5克。

🔄 **调 料** 葱末、姜末各25克，精盐、味精、白胡椒粉、香油各适量，高汤3大匙，色拉油100克。

🌸 准备工作 Preparations

❶ 活蛏子洗净，入沸水中煮至外壳刚刚张开，捞出去壳取肉，再用原汤洗净。

❷ 韭菜去根和老叶，洗净，切成碎末。

❸ 木耳用温水泡软，去蒂、洗净，撕成小块，放沸水中快速焯烫一下，捞出沥水。

❹ 鸡蛋磕入碗中，先加入蛏子肉、韭菜末、木耳块调拌均匀。

❺ 再加入少许精盐、味精、胡椒粉和适量蛏子原汤搅匀成鸡蛋蛏子液。

🌸 制作步骤 Operations

❶ 锅中加油烧至七成热，先下入葱末、姜末炒香，再加入调匀的鸡蛋蛏子液。

❷ 用小火轻轻炒至鸡蛋液成形，加入高汤炒沸

❸ 淋入香油、撒上韭菜末，出锅装盘即成。

韭青炒蛏子

口味 滑嫩 清香 · Time 30分钟

🔄 **原 料** 鲜蛏子300克，韭青100克。

🔄 **调 料** 精盐1/2小匙，味精少许，绍酒、香油各1/2大匙，清汤、熟猪油各3大匙。

🌸 准备工作 Preparations

❶ 鲜蛏子刷洗干净，再放入清水中浸泡以使蛏子吐净泥沙。

❷ 捞出蛏子，放入沸水锅内烫至蛏子开口，捞出沥去水分。

❸ 把焯烫好的蛏子剥去外壳，取净蛏子肉，再用清水洗涤干净。

❹ 韭青去根和老叶，用清水洗净，切成4厘米长的段。

🌸 制作步骤 Operations

❶ 净锅置火上，加入2大匙熟猪油烧至九成热，放入蛏子肉滑散，捞出沥油。

❷ 净锅复置旺火上，加入1大匙熟猪油烧至六成热，放入韭青段稍炒。

❸ 再加入清汤、精盐、绍酒，用旺火快速翻炒均匀。

❹ 然后放入蛏子，撒上味精炒匀，淋上香油，出锅装盘即可。

口味
嫩滑
鲜香

Time
15分钟

青韭鱿鱼丝

🔖 原 料 水发鱿鱼200克,青韭100克。

🔖 调 料 精盐、味精、胡椒粉、绍酒、色拉油各适量。

◎ **准备工作** *Preparations*

❶ 鲜鱿鱼剥去外膜,去除内脏和杂质,放入清水中洗涤整理干净。

❷ 捞出鱿鱼,擦净表面水分,切成长6厘米的丝。

❸ 锅置火上,加入清水烧沸,放入鱿鱼丝快速焯烫一下,捞出沥水。

❹ 青韭去根和老叶,用清水洗净,沥净水分,切成小段。

❺ 姜块去皮、洗净,剁成蓉,放在小碗内,加入少许清水调匀。

◎ **制作步骤** *Operations*

❶ 净锅置火上,加入色拉油烧至六成热,下入姜蓉煸炒出香味。

❷ 再放入鱿鱼丝快速翻炒片刻,烹入绍酒爆炒均匀。

❸ 然后撒上青韭段炒匀,加入精盐、味精、胡椒粉煸炒至入味。

❹ 最后淋入烧热的花椒油炒匀,即可出锅装盘。

爆炒八带鱼

口味
鲜香
嫩滑

Time
15分钟

🔖 原 料 鲜八带鱼500克,嫩韭菜100克。

🔖 调 料 葱段、蒜片各5克,精盐、绍酒各1小匙,味精少许,水淀粉1大匙,香油1/2小匙,色拉油500克(约耗30克)。

◎ **准备工作** *Preparations*

❶ 用两手的中指和食指各夹住一只八带鱼,腿部向里,肚部向外(手背处)。

❷ 两手手心并起转动,用力搓洗净八带鱼腿上吸盘孔内的黑泥沙,再取出头部内的黑墨和牙,用情水冲洗干净。

❸ 改刀片成片,放入沸水锅中略烫一下,捞出过凉、沥干。

❹ 韭菜择洗干净,控净水分,切成寸段。

◎ **制作步骤** *Operations*

❶ 炒锅置旺火上,加入色拉油烧至七成热,放入八带鱼片滑油,捞出沥油。

❷ 原锅留少许底油,复置旺火上烧至六成热,先下入葱段、蒜片炝锅。

❸ 再烹入绍酒,放入八带鱼和韭菜段快速翻炒均匀。

❹ 然后加入精盐、味精,用水淀粉勾芡,淋入香油,出锅装盘即可。

◎ 原　料　鸡胸肉300克，海蜇皮150克，鸡蛋清、香菜各适量。

◎ 调　料　精盐1/2小匙，白糖、芝麻酱各1小匙，白醋1大匙，蒜末、胡椒粉、水淀粉、香油、色拉油各适量。

海蜇鸡柳

口味 咸鲜香嫩　Time 25分钟

◎ 原　料　大虾10只(约500克)，火腿、青菜心、冬笋各25克。

◎ 调　料　精盐、味精、香油各少许，绍酒2小匙，葱姜汁1大匙，淀粉100克，色拉油2大匙。

口味 鲜香滑嫩　Time 25分钟

捶熘凤尾虾

◎ **准备工作** Preparations

❶ 火腿、冬笋分别洗净，均切成菱形片。

❷ 锅加清水烧沸，放入火腿片、青菜心、冬笋片焯烫一下，捞出沥水。

❸ 大虾去外皮、虾头，保留虾尾，挑除沙线，洗净，沥净水分，先从背部顺长割一刀，使腹部相连。

❹ 放入碗内，加入少许精盐、味精、绍酒、葱姜汁腌渍入味。

❺ 将大虾平放在案板上，沾匀淀粉，用擀面杖捶砸成大片。

◎ **制作步骤** Operations

❶ 锅中加水烧沸，放入大虾氽熟，捞出冲凉。

❷ 锅中加油烧至四成热，放入火腿片、青菜心、冬笋片略炒，烹入绍酒。

❸ 再加入葱姜汁、精盐和少许清水烧沸。

❹ 放入大虾炒匀，淋入香油，即可出锅装盘。

◎ **准备工作** Preparations

❶ 海蜇皮用清水反复浸泡以去除咸腥味，捞出沥干，卷成卷，顶刀切成细丝，放热水中稍烫一下，捞出沥水。

❷ 香菜择洗干净，切成4厘米长的小段。

❸ 鸡胸肉剔除筋膜，洗净，切成长细丝。

❹ 放入碗中，加入少许精盐、白糖、鸡蛋清、香油、胡椒粉和水淀粉拌匀。

◎ **制作步骤** Operations

❶ 锅中加入色拉油烧热，放入鸡肉丝浸炸至八分熟，捞出沥油。

❷ 锅留底油烧热，先下入蒜末爆香，再加入芝麻酱、精盐、白糖、白醋炒匀。

❸ 然后放入滑好的鸡肉丝，用旺火炒匀。

❹ 用水淀粉勾芡，放入蜇皮丝稍炒，撒上香菜末，出锅装盘即可。

1 胡萝卜去根、去皮，洗净，切成1厘米大小的丁。

2 黄瓜洗净，切成小丁；豌豆洗净，沥去水分。

5 放入碗中，加入精盐、味精、绍酒调味，再放入淀粉上浆。

清炒虾仁

口味 软嫩鲜香　⏱ Time 15分钟

3 精盐、味精、绍酒、白醋、鲜汤放入碗中调拌均匀成清汁。

4 虾仁去沙线，放入淡盐水中浸泡、洗净，捞出挤净水分。

🥢 **原　料** 虾仁200克，胡萝卜、黄瓜、豌豆各25克。

🥢 **调　料** 葱末、姜末、蒜末各少许，精盐、味精各1/2小匙，绍酒1大匙，白醋、花椒油各1小匙，淀粉适量，熟猪油500克(约耗50克)。

◎ **制作步骤** *Operations*

1 锅中加油烧至四成热，放入虾仁滑散、滑透，倒出沥油。

2 锅留底油烧热，下入葱末、姜末、蒜末炒香。

3 放入胡萝卜丁煸炒，下入黄瓜丁、豌豆炒熟，再加入虾仁。

4 烹入清汁，用旺火快速炒匀，淋上花椒油，即可出锅装盘。

椰蓉炒活蟹
口味 软嫩甜香　Time 20分钟

⦿ 原 料 活蟹5只(约1200克)，椰蓉75克，鲜奶50克，香菜25克，鸡蛋清3个。

⦿ 调 料 大葱、姜块各15克，水淀粉1/2大匙，

精盐、味精、面粉、绍酒、香油、色拉油各适量。

🌼 准备工作 Preparations
❶ 香菜去根和老叶，洗净，切成碎末。
❷ 大葱去根，姜块去皮，洗净，均切细末。
❸ 鸡蛋清放入碗里，加入椰蓉、鲜奶、精盐、味精搅匀成椰蓉鲜奶汁。
❹ 活蟹宰杀，洗净，剁成大块，切口处滚上面粉。
❺ 锅中加入色拉油烧至七成热，放入蟹块炸熟，捞出沥油。

🌼 制作步骤 Operations
❶ 净锅置火上，加入色拉油烧热，先下入葱末、姜末炒香。
❷ 再倒入一半的椰蓉鲜奶炒熟，烹入绍酒，放入蟹块翻炒均匀。
❸ 淋入剩余的椰蓉鲜奶炒匀，用水淀粉勾芡，淋上香油，撒香菜末，装盘即可。

油爆海兔
口味 软嫩鲜香　Time 30分钟

⦿ 原 料 净海兔250克，芹菜200克，红椒、水发香菇各适量。

⦿ 调 料 蒜末、姜末、精盐、胡椒粉、绍酒、水淀粉、高汤、香油、色拉油各适量，生抽、香醋、蚝油各1小匙。

🌼 准备工作 Preparations
❶ 芹菜、红椒和水发香菇分别洗净，均切小丁，入沸水锅中焯烫一下，捞出沥水。
❷ 海兔洗净，沥水，放入碗内，加入精盐、胡椒粉和水淀粉腌渍15分钟。
❸ 锅中加入清水和香醋烧沸，放入海兔汆烫约半分钟，捞出沥干。

🌼 制作步骤 Operations
❶ 净锅置火上，加入色拉油烧热，先下入姜末煸炒出香味。
❷ 再放入海兔，烹入绍酒略炒，出锅盛在盘中。
❸ 锅中加底油烧热，先下入蒜末、芹菜丁、红椒丁、香菇丁略炒。
❹ 再加入蚝油、生抽、高汤炒匀并调好口味。
❺ 淋上香油，用水淀粉勾芡，出锅盛在海兔上即可。

图书在版编目（CIP）数据

家常熘炒菜 / 张恩来主编. —长春: 吉林科学技术出版社, 2010.7

ISBN 978-7-5384-4755-2

Ⅰ．①家⋯ Ⅱ．①张⋯ Ⅲ．①菜谱 Ⅳ. ①TS972.12

中国版本图书馆CIP数据核字(2010)第081669号

主　编：张恩来

责任编辑：车　强　郝沛龙　　摄影指导：杨跃祥　　封面设计：张　跃

版式设计：董芳芳　张　丛　周鸿雁　史红斌　林　凡　范俊松　汪　涧

　　　　　齐海红　郭久隆　王　静

吉林科学技术出版社出版、发行

版权所有　　翻印必究

发行部电话/传真：0431－85677817　85651628　85635177

　　　　　　　　　　85651759　85600611　85670016

编辑部电话：0431－85629318　85635176

Email：jlkjbqs@163.com

网址：www.jlstp.com

社址：长春市人民大街4646号　邮编：130021

印刷：长春新华印刷集团有限公司

如有印装质量问题，可寄出版社调换

710mm×1000mm　　16开本　　10印张

2010年7月第1版　2010年7月第1次印刷

ISBN 978-7-5384-4755-2

定　价：18.90元